理系志望のための高校生活ガイド

理系をめざしたら何をすればいいのか？

鍵本　聡　著

ブルーバックス

カバー装幀／芦澤泰偉
本文イラスト／松本　剛
本文図版／矢崎　学
目次・章扉デザイン／バッドビーンズ

はじめに――「迷ったらとりあえず理系」は本当か？

文系か理系か、進路の選択はたいてい高校1年の3学期に行われる。それまで卒業後の進路のことなどほとんど考えていなかったところに突然文理の選択を迫られるわけで、結局、理科と数学が好きなら理系、英国社なら文系という感じでコース選択をする人がほとんどだ。

さらには「成績がよくないから文系」という選択の仕方も多い。「理系だと理科や数学のみならず英語も国語も勉強しないといけないが、文系なら英国社の3教科さえ勉強していればどうにかなる。だから文系のほうがよい」というふうに考える生徒は多いし、事実そう指導する高校教師のなんと多いことか。

はたしてそれでよいのだろうか。後から「しまった」ということにならないだろうか。

自分の進路に信念をもっているのなら何も言わない。しかしもし、どうすればよいかわからず悩んでいるのであれば理系を選択すべきだし、「自分は勉強ができないから文系」と思う学生も理系を選択すべきだ。すなわち、少しでも迷ったら「とりあえず理系を選ぶ」というのは正解なのだ。それはなぜか？

ひとつには、多くの先輩のその後の人生を比較すればわかる。当然のことだが、高校1年生の段階で自分の人生設計を完全に立てている人は少ない。実際に大学に入ってから学部・学科を変更する、あるいは変更しようとする学生の数は思った以上に多い。その内訳は、圧倒的に理系から文系への変更だ。しかも理系から文系に移った人はたいてい成功している。

では、どうして文系から理系に移る人が少ないのか。それは「移らない」のではなく、残念ながら「移ることができない」のだ。文系から理系に移動できるのは、高校数学や高校理科を勉強した経験がある者だけに限られているといっていい。したがって、高校時代に文系を選んで数学や理科を勉強しないことは、将来理系分野に転進することをあきらめているということでもある。だから理系を選んで正解なのだ。

一方、勉強ができない人こそ理系を選ぶべき理由だが、これもその後の文系と理系の勉強内容を比較すればわかる。じつは高校1年の時点で成績のよくない生徒にとって、理系を選択したほうが後で有利になることが多いのだ。

文系と理系では勉強する量も質もかなり違う。建前としては文系学生も理系学生も履修する授業時間数は同じはずだが、実際には文系学生が高校3年生の1学期あたりから早々と大学入試問題などを解き出すのに対し、理系学生はたいてい高校3年生の2学期ぐらいまで理科や数学で新しい単元を習いつづける。

理系学生のみが履修する理科や数学の分野はかなりの熟練を必要としており、ひたすら問題集を解くなどしなければならない。しかしそれは裏を返すと、理科や数学ではひたすら問題集を解けば成績は上がり続ける、ということでもある。結局、高校3年生の終わりの時点で、理系学生はちょっとした「エキスパート」になることができるのだ。

すなわち、高校1年の時点で成績がかんばしくなくても、まだ未習部分が多い数学や理科なら勝負する実力をつけることができるということだ。一方の文系科目、とくに国語や社会、英語などは、とっつきやすそうでいてじつは奥が深く、高校1年を終える時点での成績の差が、そのまま3年の終わりまで変わらないことが多い。

そういうわけで、文理どちらにしようかと迷っている人には、成績に関係なく「とりあえず理系」をすすめる。理系進学は少々勉強量が多くなるが、そのぶん文系進学組よりも何倍も多くのチャンスがあるということなのだ。

本書はそんな「魅力的」な理系進学について、高校生のみなさんのために書いたガイドブックである。勉強法から日々の生活まで、理系進学をめざす人の役に立つポイントがつまっている。また文理選択で悩んでいる生徒も、本書を読むことでぜひ理系進学にチャレンジしてほしいと思う。山は越えるためにあるのだから。

CONTENTS

CONTENTS

第１章　理系とはどういう世界なのか？

高校生活は受験生活ではない

高校生になったばかりの生徒に「どんな高校生活を送りたい？」と聞くと、たいていは「勉強ばかりじゃいやだ」というような答えが返ってくる。「じゃあ大学には行きたくないの？」と聞くと、「いや、ちゃんと大学にも行きたい」と言う。

高校1年生の段階で残された時間はたったの3年間だ。勉強ばかりじゃいやだと思っていると、ほとんど勉強をしないまま3年間を過ごしてしまうことになるし、逆に大学受験ばかり考えていると、勉強以外何もできないまま3年間を過ごしてしまうことになる。いずれにしても「こんなはずじゃなかった」ということになりかねないのだ。

そんな結末を避けるためにも、まず自分が行きたい「理系の大学」がどういうところなのか知っておくことは非常に大切だ。少しでも具体的なイメージが描ければ、大学に入るための必要最小限の勉強はする気になるだろうし、そういった心積もりをしながら生活することで、自分にとっての人生のあり方をおぼろげながらも考えながら過ごしていけるに違いない。

すなわち、何も知らないままやみくもに進むより効率的に勉強できるぶん、勉強以外のことに打ち込める時間もたくさんとることができるということだ。そうすることで、一見矛盾する「勉強ばかりじゃいやだ、でもちゃんと大学にも行きたい」という希望にかなった高校生活を送ることがじゅうぶん可能になる。

そんなわけで、ともかく大学生活というものがどういうものなのか、ということをここではほんの少しだけ見てみることにしよう。

理系の大学4年間はこんなことをする

大学に入ると授業は講義と呼ばれるようになり、さらに研究室に所属して「研究」も行うようになる。しかし、大学に入学したからといって、いきなりバリバリ研究をしていくというわけではない。

理系の場合、大学に入って最初の2年くらいは基礎的な素養を身につける期間だ。英語などの外国語（たいてい2ヵ国語）、数学（とりわけ積分、極限、線形代数など）、理科（専門に関連のある科目）、保健・体育理論、体育実技、その他一般教養（文系科目など）を習うことになる。このほか、2年次あたりから徐々に専門の科目も入ってくる。

最近は、自分の専攻に関係のある理科の科目を高校時代に勉強せずに入学してくる学生もかなり多いので、とくにそういう科目に関してはみっちりやることになる。また工学部建築学科の「製図実習」などのように、学科独特の教養科目がある場合もある。大学ごとに差があるだろうが、基本的には高校や予備校の延長だ。

3年次ともなると専門がかなり決定しているが、まだ準備段階であるといってよい。専門科目の講義があって、テストやレポートで追われる日々が続く。ただし、この時期になると実習も増えてきて、研究室にお邪魔したりすることも増えてくる。「研究ってこういうことなんだ」と少し実感できる時期でもある。

そして、4年次になってやっと各自研究室に配属されるのだが、「さあ研究するぞ」と意気込むものの、最初はどこの研究室でも「輪講」と呼ばれる勉強会からスタートする。その際の教科書は英語で書かれていることが多いので、最初はほとんど英語漬けの毎日が繰り返されることになる。「3年次のほうがよほど研究らしいことをしていたなぁ」と気づくのもこのころである。4年次の夏休みぐらいまでは、まだまだ研究の「け」の字も見えてこない。

しかも大学院に行こうとするのであれば、話はさらにややこしい。たいてい夏ごろに行われる大学院の入試までは、受験勉強にかなりの時間を割くことになる。大学院入試は、学校や学部・学科によって時期も科目もかなり違うが、理系の場合、語学と一般教養（理系科目、数学や理科など）、専門科目、それに小論文や面接などである。

一方、大学院に行かないのなら就職するわけだが、就職活動もそんなに楽なものではない。夏の暑い時期に、リクルートスーツを着て見学や面接などに何度も足を運ばないといけないし、さらにそれが遠い地域だったりすると、費やされる時間と労力は馬鹿にならない。正直なところ、この時期に研究などという感じはみじんもないのである。

というわけで、結局研究らしきものが始まるのは秋以降だ。研究のできる時間はたった半年しかない。だから大学の4年次で行う研究は、いわば「体験研究」に近い。実際には教授や助教授といった教官の研究の手助け程度しかできない学生も多く、そういう場合には失望感すら覚えることもある。

理系の場合、現実には多くの学生が大学院に進学する。「もう少し研究してみたい」という気持ちになるのは自然な発想なのだ。正直なところ、理学部や工学部などでは、大学院の修士課程2年間を加えた「3年計画」で研究を進めることも多い。これぐらいの時間をかければ、なんらかの成果を出すこともじゅうぶん可能だ。

ちなみに、大学4年間で卒業して企業（民間）の研究所に入り、研究を続ける手もないではないが、大学院で修士号ぐらいは取っておかないと、希望するような研究職にはなかなかつけない。研究を続けたいのであれば、やはり大学院に進学したほうが有利だといえる。

分野別・理系大学探訪

理系にはだいたい次のような分野がある。数学・数理科学系、物理系、化学系、生物系、地学系、情報系、そして医療系だ。お互いに重なる部分もあるのでこれで単純に分けられるわけではないが、将来の志望分野を考えるときには参考になるだろう。

同じ理系といっても、分野ごとにやっていることは違う。自分が興味を持っている分野ではどんなことが行われるのか、それを知っているだけでも受験勉強に張り合いが出るものだ。そこで理系の大学生活がどんなものなのか、ちょっとのぞいてみよう。

1,2年次
教養課程
入学当初は、いろいろな科目を勉強する。
こんな感じで数学、物理などの基本を勉強する。他に体育や語学などもある。1クラスはだいたい10〜30人。
これぐらいは基本だぞ
が〜ん
2,3年次
専門課程
2年次ぐらいから徐々に専門科目が入ってくる。
物理系・地学系
相変わらず授業中心。
……となります
化学系
生物系
ひたすら実験。しかも植物が相手だと日数もかかり学校に寝泊まりすることも。
数理系
数学の場合はひたすら問題を解く(演習)。家でも勉強できるのであまり学校に来ない学生も多い。
問題
最近はコンピュータを使った実習も増えている。情報系もけっこう授業が多い。

4年次　研究室に配属

小さな部屋で「輪講」。たいていは英語で書かれた教科書をみんなで読んでいく。ちゃんと勉強しておかないと突っ込まれるので、みんな真剣。論文紹介、研究紹介、研究発表などすべてこんな感じ。

地学系演習

これは地震の実習。気象学などの場合は、データ解析で一日中コンピュータに向かうことも多い。

物理系

物理系の実験には巨大な装置も登場する。

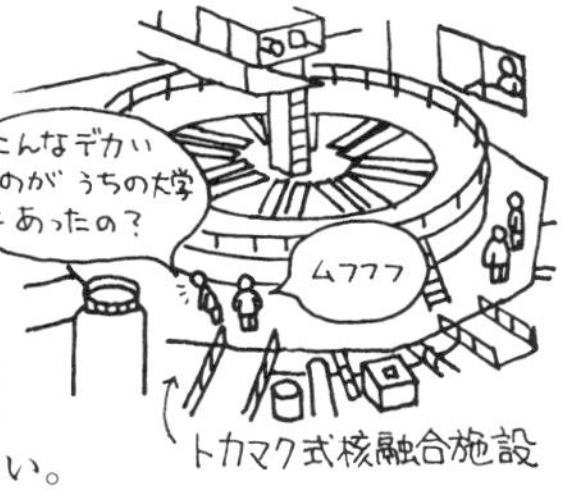

一方、化学系・生物系は、ひたすら来る日も来る日も実験……

研究室では寝泊まりしている学生もいる。

生物系

生物系の実習の場合は野外で採集や観察などもある。

生物系は酒好きが多い（らしい）。

研究室のようす(1)

研究室は大小さまざま。50人の学生をかかえる研究室もあれば、教授1人に学生1人なんてこともある。

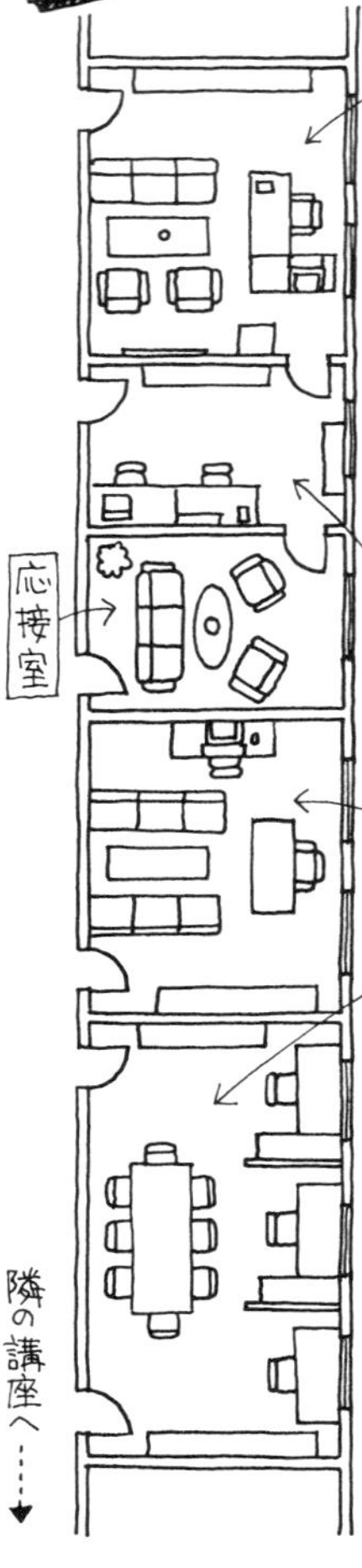

研究室の雑用を一手に引き受ける秘書の部屋。

教授室とだいたい同じ。

基本的には教授室と同様だが、1室を2～3人で使う場合もある。持ち物が少ないので意外と広々した感じ。

1つの講座に教授1人、助教授1～2人、助手または講師1～3人という構成が一般的。講義をするのは教授と助教授、講師。助手は講義はしないが、教授の授業を手伝ったりしてけっこう忙しい。

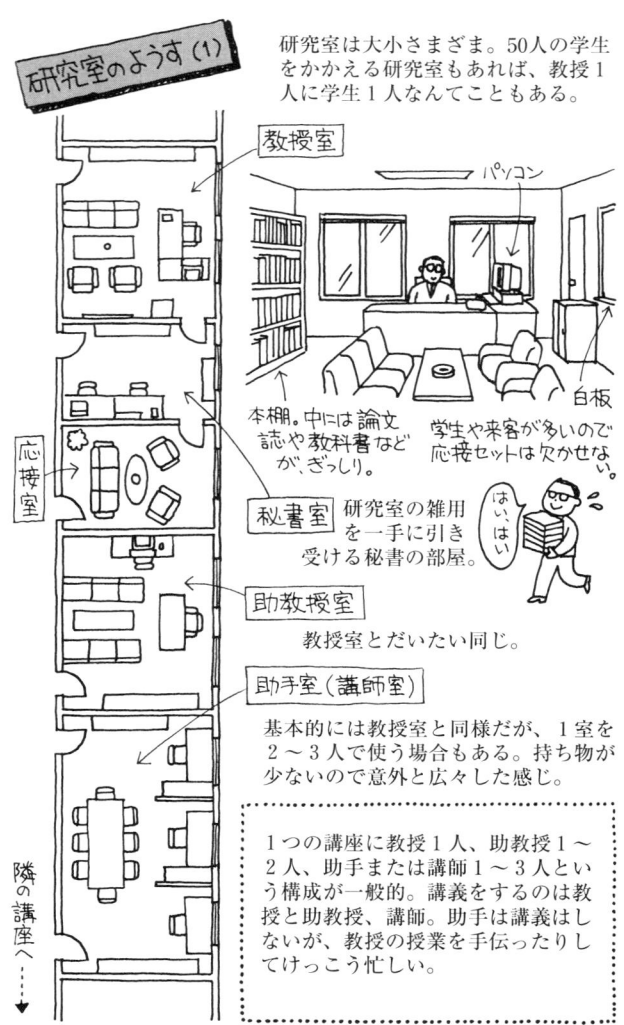

学生室と実験室は、学生たちの城だ。

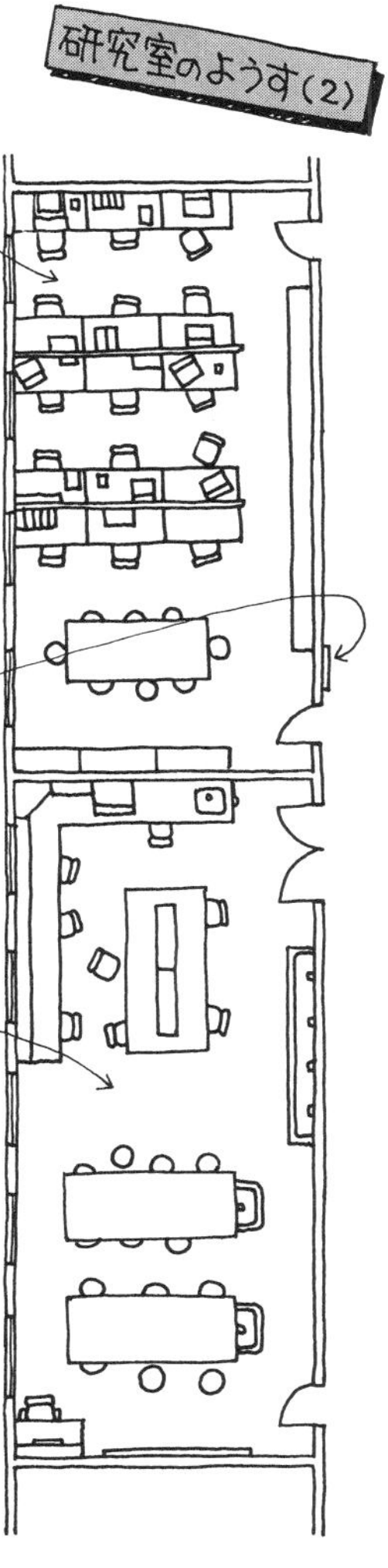

１人に１つずつ机がある。机が汚いとまわりの人に嫌われる。

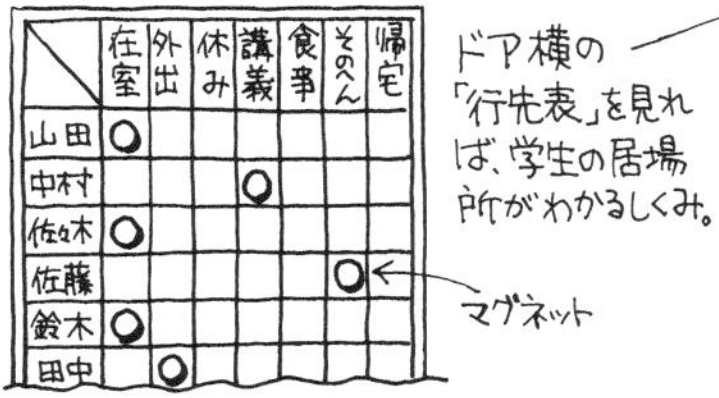

化学系、生物系の場合は実験室がある。実験室が学生室をかねる場合も多い。

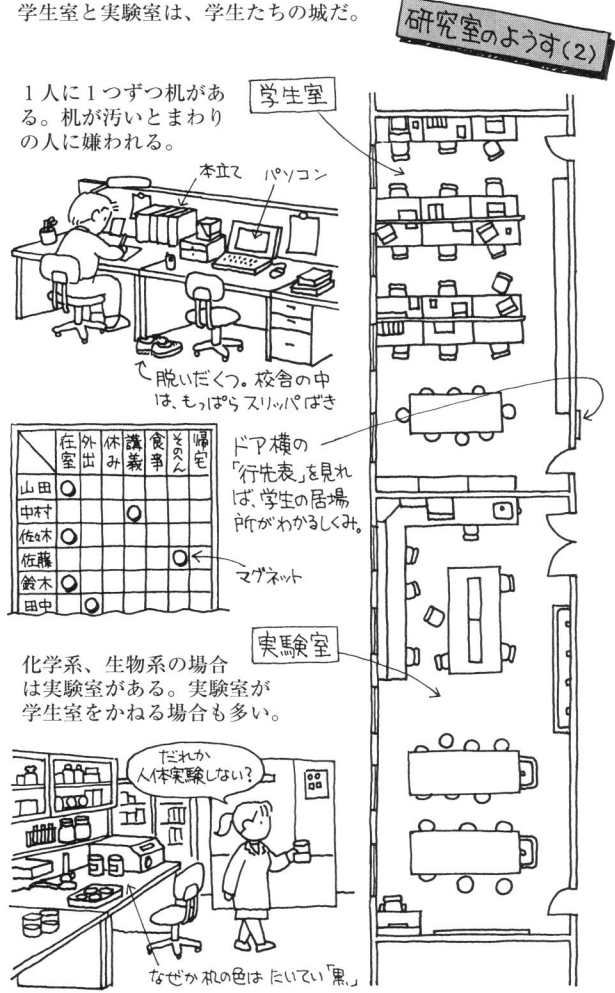

研究室の生活(1)

数学系の場合はとにかくどんどん問題を解かなくてはならないので、他の学科と違って学校にあまり出てこない学生が多い。

○平均的な1日のスケジュール

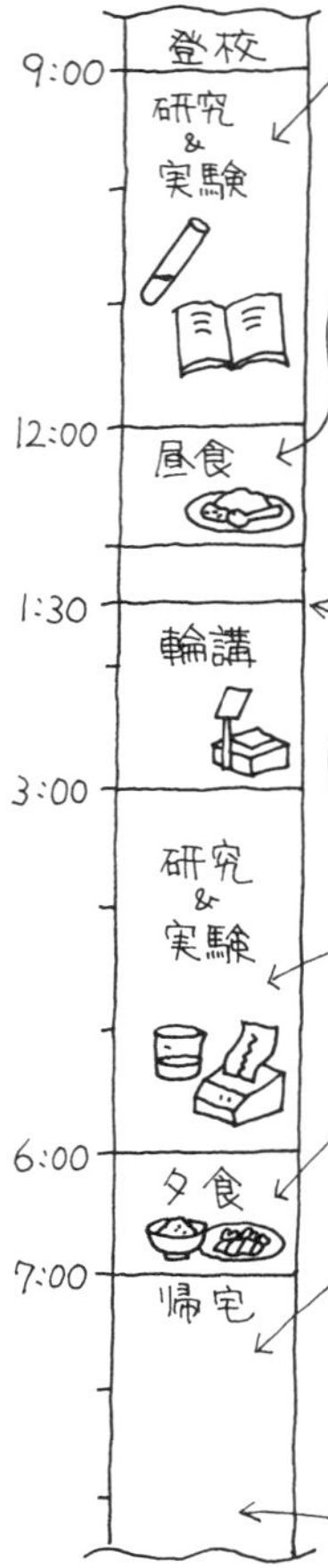

この時間帯に授業があることもある。

どういうわけか理系の研究室というのは結束が固く、昼食時はみんなでそろって学食、というパターンが定着している。

みんなが揃うまで食べないし、みんなが食べ終わるまで席を立たないので、意外と時間がかかる。

教授がゆっくり歩けばみんなもゆっくり歩き、さらに時間がかかる。

午前中に用事がなければ昼から登校してもいい。

自分の研究に集中できる時間。

夕食はたいてい友人同士で。

べつに決まった終業時間があるわけではないので、夕方になったらさっさと帰る学生もいれば、研究室に泊まる学生もいる。

夜間は研究棟が施錠されるが、学生は鍵を渡されるので自由に出入りできる。

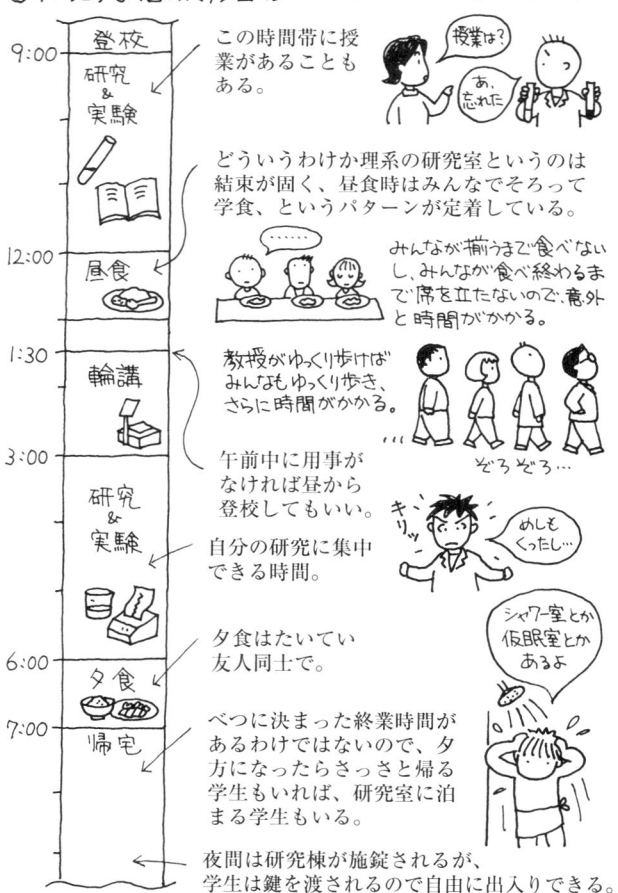

研究室の生活（2）

○学会発表

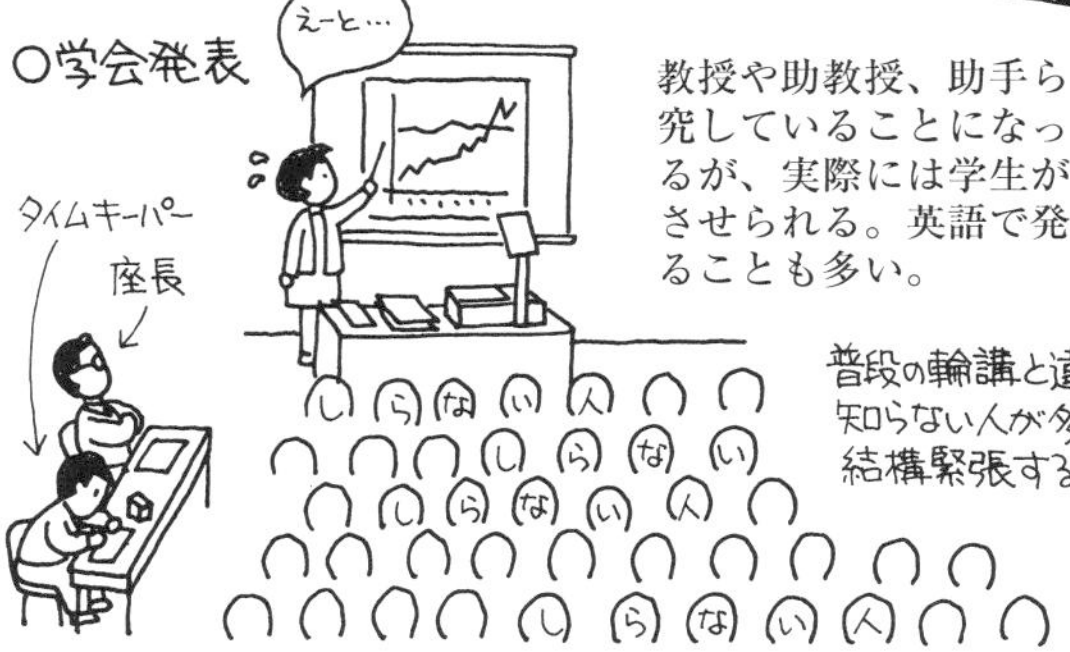

教授や助教授、助手らと研究していることになっているが、実際には学生が発表させられる。英語で発表することも多い。

○観測旅行（地学系）
○調査旅行（生物系）
○見学旅行（各研究室）

他に研究室旅行、新歓（新入生歓迎）コンパ、追い出しコンパ、ソフトボール大会など遊び行事もたくさんある。

○卒論

卒論を書き、発表をして卒業。医学部や歯学部、薬学部などは国家試験があるので、卒業直前はさらに忙しい。

意外!?　数学が苦手でも理系はやっていける

理系志望の高校生でも、数学を苦手とする人はけっこう多い。とくに生物系や化学系への進学を希望している場合など、「理科は得意だけど数学はちょっと……」という話をよく聞く。理系だからといって、数学好きが集まっているわけではない。

こうした生徒から多く受ける質問には2種類ある。「生物系や化学系の大学に進学するのに高校の数学は必要なの？」。もうひとつがこれとは対照的に「高校時代にこんなに数学が苦手でも理系でやっていけるだろうか？」。いずれにしても、高校の段階では他の科目と数学の接点が少ないだけに、これは自然な疑問だ。

まず、生物系や化学系の研究をするのに数学が必要か、という疑問だが、一言で答えると「分野によるものの、たいていどこかで大なり小なり数学の知識を使う」ということになる。

たとえば「自分は虫が好きなので昆虫の研究をしたい。昆虫採集や標本の整理が主な研究なので、たぶん数学は使わないだろう」なんて思っている学生もいるかもしれない。しかしそんな研究でも、採集した数多くの標本の分類や整理には統計学の考え方が不可欠だし、標本作製に使う薬品づくりにもちょっとした計算が必要になる。場合によっては、大量の標本を分類するのに集合論を使ったりするかもしれない。

それに、将来どんなところでどんな発見があるか、誰にもわからない。現在の一般的な昆虫採集の手法では数学の基礎知識をあまり必要としないかもしれないが、学問の世界の常識は一瞬にして変わるものだ。数学の得意な誰かが、数学の何かの公式を応用した画期的な昆虫採集の手法を発見しないともかぎらない。

これは別に化学系や生物系の学科にかぎった話ではない。他の学問領域、場合によっては文系の学問でも、数学の知識がちょっとした革命を起こすことはじゅうぶん考えられる。最近はコンピュータの活用がどの学問分野でも華々しく、ここでも数学の知識が必要とされる。そういう意味で、どんな分野でもある程度の数学の知識を持っていないと研究は難しいし、高校レベルの数学ぐらいは常識として押さえておいたほうがよいのだ。

一方、数学が苦手で「自分は本当に理系学部に進学してやっていけるだろうか」と考えている人には、「数学が苦手でもたいていどうにかなる」ということも言っておきたい。専攻した分野で、ある数学の手法が使われているとしよう。最初は理解できなくても、何度も同じパターンに遭遇するたびに、だんだんと理解できるようになる。数学なんてそういうものだ。小学生のときにとても難しく感じた分数の計算が、高校生になってみると簡単に見えるのと同じことだ。

実際の学問の世界では、ある分野で数学を使った手法が提案され、それが一般的になるということがよくある。こういうときに、最初にレールを敷く（手法を提案する）ことは大変だが、他人が敷いてくれたレールを歩いていく（理解する）のは難しいことではない。レールを敷くのは数学の得意な研究者に任せておいても、どうにかなるのである。

そういうわけだから、数学が苦手でもとりあえず理解するように努力していれば、ちゃんと理系でもやっていける。ただし、数学をまるっきり理解しようとしないで研究を進めていくのは、かなりのハンディを背負うことになる。得意でなくても、理解しようと努力をしさえすればよいのだ。

第2章　学校生活をうまく送るコツ

勉強以外のことと受験勉強との両立

高校1～2年の過ごし方

「大学受験をするためにはクラブ活動や生徒会活動などをやめて、そのぶん勉強にまわすべきか?」という質問をよく受ける。また「恋愛をしていると受験に失敗するか?」ということも訊かれる。

あとで詳しく説明するが、勉強に関して言えば、3年生の夏ぐらいまでは英数国を中心にやっておけばよい。とくに英語と数学は、受験がまださし迫っていない高校1～2年のときでも、毎日それぞれ1時間は勉強する。この3教科は積み上げ型なので、ほうっといて後になってからまとめて片づけようとすると大変なことになる。いわゆる一夜漬けのきかない科目で、とりわけ1年生で習う範囲が非常に重要となっている。

　これは言い換えれば、毎日2時間の自宅学習時間さえ守れるのであれば、何をしてもかまわないということだ。むしろ、高校1～2年生のころから受験勉強ばかりしているのは、あまり感心しない。できれば自分の高校時代を有意義に過ごせるような活動を続けることをすすめる。それはスポーツでもボランティアでも芸術活動でも何でもいいし、学校の部活動にこだわる必要もない。

　もちろん勉強が好きな生徒は、高校1～2年生の頃からどんどん勉強すればいいのだが、3年生になったら嫌でも受験科目ばかり勉強しないといけないのだから、2年生までは受験をあまり意識せずに何でも勉強しておく。たとえば数学が好きなら、高校の範囲を超えて大学で使うような数学の教科書を読んだってよいわけだ。ともかく高校の最初の2年間は、英語と数学それぞれ1時間ずつ、毎日勉強する。

3年生になったら

さて、高校3年生はいよいよ受験勉強の本番到来だ。2学期になると理科（や社会）に多くの時間を割かれるわけだから、英数国の3教科は、夏休みまでにある程度の実力をつけておいたほうがよい。そのため3年生の1学期というのは、これら3教科の総決算の時期なのだ。

ところが、この時期は部活動などで最も大切なときでもある。たいてい夏までに開かれる大会をめざして猛練習が行われるからだ。高校3年生の1学期というのは、最も受験勉強と部活動の両立の難しい時期だといえる。志望校と自分の実力を考え、この時期にどうしても猛勉強したいのであれば、部活動をやめるという手も考えられる。

大切なのは、自分の気持ちに悔いを残さないようにすることだ。部活動をやめてしまえば、それなりに多くの勉強時間は確保できるだろうが、それまで打ち込んできたものへの未練もあるだろう。悔いを残したまま受験勉強に没頭できるのか。そのへんは、各人の気持ち次第だとしか言いようがない。

ともかく、3年生の夏休みの終わりまでに英数国の3教科の実力を完成させておけばそれでよいわけだから、部活動との両立問題は、これら3教科の成績と受験科目などを総合的に判断して決めるべきことだ。順調に勉強が進められるのなら、無理に部活動をやめる必要はまったくない。

2学期になればたいていは部活動も終わっているだろうから、いよいよ受験勉強に没頭することができる。この時期もやはり英語と数学は1時間ずつ勉強して、それ以外のすべての時間を理科や社会にまわすとよい。ただし、人間というのはひとつのことばかりやっていると絶対に飽きてくるし、気持ちも少しずつダウンするものなので、たまには体を動かしたりするように心がける。

恋愛をしてはいけない!?

さて一方の「恋愛」であるが、こちらは少し難しい問題だ。受験勉強に恋愛は禁物だといわれても、ペット・ショップ・ボーイズのヒット曲にもあるように「恋は突然やってくる（Love Comes Quickly）」ものだ。しかも部活動と違って、恋愛は受験勉強の邪魔をすることが多いのも事実だ。もちろん、恋に落ちても勉強に支障がないのなら問題はないのだが、それは「恋」ではない。

いったん恋に落ちると、すべてに恋愛が優先してしまう。毎日英語と数学それぞれ1時間ずつ計2時間、家庭学習ができるのなら問題はないが、おおかた勉強が手につかなくなったり、相手から電話がかかってきて勉強の邪魔をされたりして、ペースが乱されてしまう。それはまずい。

とはいえ、恋というのは病気のようなもので、ある時期を越えたらケロッと忘れるものでもある。恋に落ちて1年間ずっと勉強が手につかなかったという話は聞いたことがない。そういう意

高校3年間の過ごし方

高校1、2年生

あまり受験を意識しすぎずに。

英語と数学は毎日1時間ずつやっておく。受験勉強はとりあえずそれだけ。

あとは受験勉強を離れて、有意義な高校生活を
MAIL
英
数
国
必ず、毎日1時間ずつ

英数国は積み上げ型。地道にやっておく。とくに1年生の範囲は重要だ。

高校3年生

受験勉強本番！

英数国は夏休みまでに仕上げておく。受験勉強に全力を出すためにも自分の気持ちに悔いを残さない。

2学期からは受験勉強に没頭する。英語、数学は毎日1時間、それ以外の時間を国語や理科、社会科にあてる。

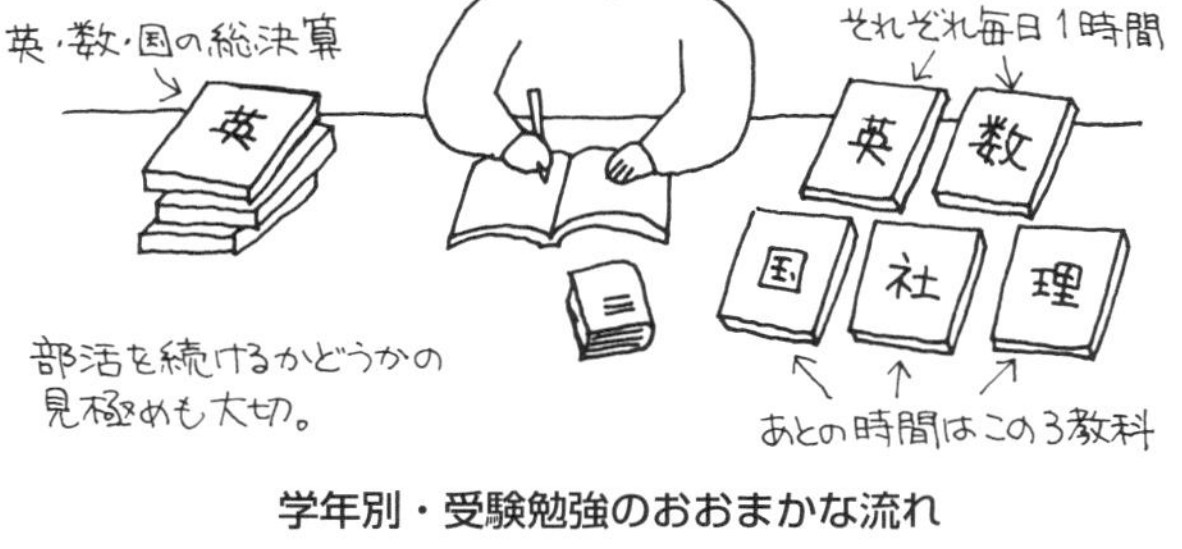
英・数・国の総決算
英
それぞれ毎日1時間
英
数
国
社
理
部活を続けるかどうかの見極めも大切。
あとの時間はこの3教科

学年別・受験勉強のおおまかな流れ

味では、病気で少しの間勉強を休んだと思い、恋から覚めたら勉強を再開すればよい。もちろん、受験直前にそんな病気にかかってしまったら悲しい結果は目に見えているので、その時期には恋に落ちないように努めるしかない。

また、友達のような感じで節度をもってつきあえるのなら、なんら問題はない。もちろんそういう関係を保つためには、自分だけでなく相手との合意も必要なわけだから、ふだんからきちんと話し合っておくべきだ。

恋愛は人生にとって永遠のテーマであり、とても言い尽くすことはできないが、受験勉強という観点から見れば、できるかぎり恋愛はしないに越したことはない、ということになる。

いずれにしても、自分の最低限の勉強時間だけは確保しておくようにする。それさえ守れるのであれば、部活動も恋愛もことさら深刻に考える必要はない。

理科の選択科目を決めるポイント

理科４科目の特色を知る

高校によって多少異なるようだが、たいていは文理の選択と同様、1年生の2学期か3学期の時点で理科の選択に悩むことになる。「化学が得意じゃないので、物理と生物を選択したらまずいだろうか」「将来理学部で地学を勉強したいが、学校では地学の授業がない。どうすればよいだろうか」など、生徒ごとに問題は違う。

こうした悩みを解決するために、まず理科4科目それぞれの特色を大雑把に知っておく必要がある。

物理

数式の変形ができる必要があるが、高校の段階では1年生で習う程度の数学の知識があればじゅうぶん対応できる。ただし、大学に入るやいなや物理は数学と切っても切れない関係となる（とくにベクトルと微分方程式ができないと、大学に入ってから苦労するだろう）。

化学

物理にくらべると覚えることがかなり多いうえ、数式での計算も多く、オールラウンドな能力が要求される。生物、物理、地学との共通部分も多く、化学を勉強することは他の多くの科目の出発点でもあるといえる。

生物

かなり暗記部分が多いが、恐れるほどの量ではない。化学との共通部分も多く、実際、生物を選択する人の多くが化学も選択する。

地学

やはり暗記部分が多いが、生物同様恐れるほどの量ではない。むしろ地学の場合、資料を見て答えるような問題が多いので、多くの問題にあたって練習量を積むことが大切だ。ただし地学を教えない高校もけっこうある。

ケース別、何を選ぶのが得策か

理科４科目の勉強の分量を比較してみよう。４科目を同じ分量ずつ勉強したときに、高校の履修量をクリアするにはどの科目がもっとも時間がかかるか、ということを考える。勉強量なんて単純に比較できるものではないのは承知のうえで、あえて多い順に並べてみると、まず化学、次に物理、そして生物、地学、という順になるだろう。

これは化学が暗記、計算、実験とバランスのとれた実力を要求しているのに対し、物理では計算にウェイトが、生物ではやや暗記にウェイトがあることによる。地学であまり時間がかからな

理科4教科の特徴を知ろう

○どの志望分野の入試にも対応できるオールマイティな科目。

計算問題は1年生で習う数学の知識があればじゅうぶん。

覚えることが多いうえ、計算問題も多い。ただし、化学をやっておけば生物、物理、地学の理解が深まる。

○短時間で受験レベルまで実力をつけたいなら、この2科目。

覚えることが多いが、社会科ほどではない。化学との共通点が多い。

覚えることが多いが、中学からのつながりがあるのでわかりやすい。問題を解く練習量がものをいう。

○勉強量で選ぶなら……

いのは、中学校までの理科の知識がモノを言うため、高校1年生の段階でかなり基礎力があると考えることができるからだ。

言いかえると、「高校の段階で化学や物理を勉強しなかった学生が、大学に入ってから他の学生に追いつこうとするとけっこう大変。しかし、高校の段階で生物や地学を勉強しなかった学生が、大学に入ってから勉強を始めても案外すんなりと追いつくことができる」ということでもある。だから、あえて大変な物理と化学を高校時代に勉強しておくことは、非常に有意義なことだといえる。

また大学受験の際に、工学部はたいてい物理と化学が必須、医学部や薬学部などでも物理、化学、生物の3科目から2科目選択である場合が多く、結局物理と化学を選択しておけば、どんな学部でも受験できることが多い。だから高校の教師も、ふつうは物理と化学を選択することをすすめることが多いし、なかには物理と化学の授業しか行わない高校すらある。

もちろん、確固たる将来の進路が決まっているのなら、おおいに生物や地学を選択すればよい。とくに医学部や獣医学部志望の場合は生物の勉強もしておくべきだ。一方、もしもまだ進路で悩んでいるのなら、「とりあえず物理と化学」が無難だろう。

逆に、「理科をどれでもいいから1科目、3ヵ月で大学受験レベルにまで到達したい」というときには、完全ではないにしても地学や生物ならかなり深いところまで勉強できる。この2教科は、自分で参考書を1冊じっくりと読むことでかなり実力がつく。

ともかく、理科4科目はお互い関連分野や重複分野が多いので、より多くの科目を勉強したほうが理解が深まる。だから本当の理科のエキスパートになるのであれば、4科目とも勉強することがおすすめだ。そして、実際それは難しいことではない。なぜなら関連分野が多いぶん、科目数が2つ、3つと増えても単純に2倍、3倍というふうに勉強量が増えるわけではないからだ。

とはいえ、学校の授業で4科目とも習うなんてことは不可能だから、せめて履修科目以外の科目は、教科書から離れ、面白そうな科学の本をたくさん読むとよい。そういう知識が、じつは受験においてもその後の理系研究生活でも大きな力を発揮する。理科のあらゆる分野に精通することは、理系生活を楽しむための最短の近道なのだ。

本当に効率のよい勉強法はどれだ？

タイプ別・その勉強法がたどる道

ここに2人の学生がいる。話を単純にするために、2人とも最初の段階ではまったく同じ学力だとする。彼らが、まだ習っていない英語の仮定法の試験を1週間後に受けるとしよう。

試験までの間、2人のうちAさんは毎日決まった時間に1時間ずつ1週間、仮定法の勉強をするとする。もう1人のＢさんは、最初の6日間は何もしないで、最後の1日で7時間、仮定法の猛勉強をする。Ａさんの勉強の仕方とＢさんの勉強の仕方と、どちらが「効率のよい」勉強方法だろうか？

　Ａさんの勉強の方法は、考えてみると効率が悪そうだ。初日に1時間勉強したら次の日まで何もしないわけだから、2日目に勉強を始めるときは昨日覚えたことを思い出すために、最初の5分を前日の復習に費やさないといけない。結局合計で7時間勉強しても、実質5時間ぐらいしか勉強していない感じになるのではないか。そう思っている人は多いだろう。

　一方Ｂさんの勉強法なら、連続して7時間みっちり勉強できるし、勉強したてのホヤホヤの頭で翌日に試験を受けることができる。しかも7時間勉強するというのは、睡眠、食事、風呂などの時間を除いたら、ほとんど一日中勉強することを意味する。一言でいうと「仮定法漬け」になるということだ。こういうふうに勉強すれば、誰だって仮定法が理解できるようになるし、きっとこっちのほうが効率的だと思うだろう。

　その証拠に、高校生の多くがＢさんの勉強法を採用している。すなわち、たとえば1学期中間試験の英語の試験範囲が「仮定法」ならば、試験直前に1日仮定法ばかり勉強するといった具合に、集中的な勉強をしているのだ。それで定期試験を乗り切る。両者の試験の点数をくらべたら、Ｂさんのほうがきっとよい点を取る。

しかし、この試験の2ヵ月後、学校に行ってみると突然「今日は実力試験を行います」ということになったとする。2人ともきっと焦るに違いない。しかし実際に試験を受けてみると、Aさんは仮定法を意外と忘れていないことに気がつくはずだ。一方Bさんはきれいさっぱり忘れている。

はたして効率がよい勉強をしたのはAさんとBさんのどちらだろう？　どうしてこのような差が出るのだろう？

英数国に集中型勉強法は適さない

Aさんの勉強法は、毎日前回の復習をすることが一見無駄なように見える。しかし、これが非常に重要な作業なのだ。忘れた頃に思い出すことで記憶はより深く定着する。何度も忘れては思い出す作業を行ったAさんは、将来仮定法がひょっこり出てきてもじゅうぶん対応できる。とくに英語や数学、国語というような、各単元が他の単元と密接に関連している科目では、この方法で勉強するべきだ。

一方、一見効率がよさそうなBさんの勉強法は必ず破綻をきたす。なぜなら復習をする時間がBさんの勉強法には一切ないからだ。

そもそもBさんは食事や睡眠などの時間以外は勉強しつづけるわけだから、体にとってよいわ

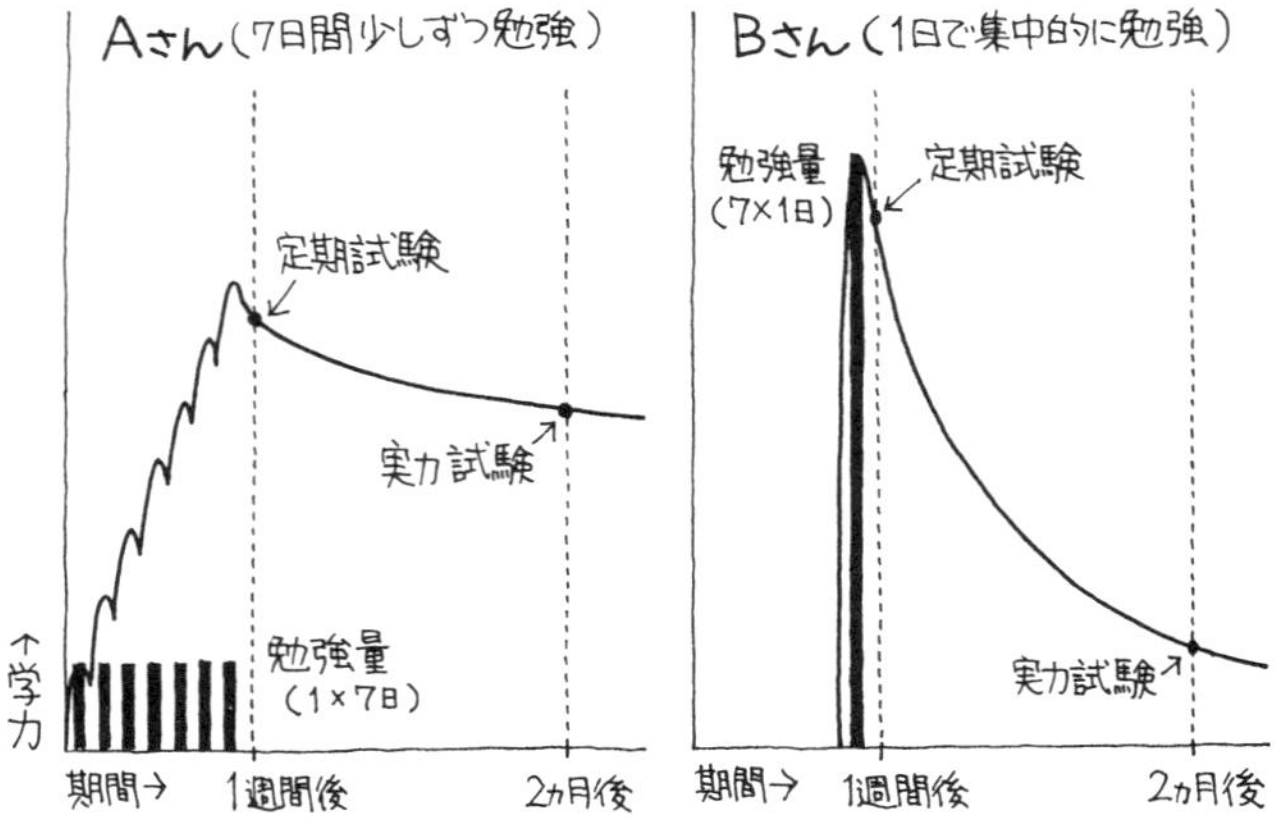

勉強量と学力の関係

けがなく、気持ちの切り替えもできない。勉強というのは、したくないときにしてもなかなかうまくいかないものだ。さらに2ヵ月前のことをきれいさっぱり忘れてしまうわけだから、英数国など、前に習った範囲がひょっこり顔を出すような科目では、この勉強法ではやってはいけない。

そういうわけで、Bさんの勉強法はやめておこう。たとえて言うと、月曜日はサラダ、火曜日は魚、水曜日はパン、と毎日1種類のものしか食べないようなもので、これでは効果的に栄養がとれないし、そもそもおいしくない。極論すれば、Bさんの費やした7時間は、まったく意味がないどころか「百害あって一利なし」とさえ言えるのだ。

一方Aさんの勉強した7時間は、さきほどの例だと、毎日サラダと魚とパンを食べて「栄養満点」ということになる。食事は栄養にならないと意味がない。

何度も言うように、定期試験の点数がよい者が勝者ではない。勝者とは毎日の勉強で実力をつけ、知性と教養を持って余裕で大学受験にも合格する者のことだ。一見カッコよく見える「集中勉強型」より、地味な「着実勉強型」のほうが、結果的にははるかに効率がよい。少なくとも本書の読者はBさんの勉強法ではなく、あくまでAさんの勉強法を目指すべきだ。

進路指導室を有効に活用しよう

都会から離れた高校にいると、「受験情報に疎くなるのではないか？」という不安を持つ生徒が少なからずいる。正直なところそんなに受験情報に差はないが、そう思う気持ちはわかる。

世の中で受験情報をいちばん多く握っているのは大手予備校だ。そういう意味では、確かに近くに予備校がないような高校の場合、模擬試験の情報も大学入試の情報誌も手に入るのが2～3日遅くなることもある。また、全国にネットを持つような予備校グループの資料は、たいてい学校に郵送されるとしても、地方の少し小さめの予備校のまとめている受験情報冊子などは手に入らないことが多い。

しかし、「だから田舎の高校は受験情報が少ない」というのは結論を急ぎ過ぎだ。そういう情報はあるところにある。それはたいていの高校に設けられている「進路指導室」と呼ばれる部屋だ。そこには主要な予備校からの無料の受験情報冊子や、全国各地の大学（国公立・私立）やその他さまざまな学校の資料が山のように送られてくる。

とくに昨今は生徒（＝受験生）の数が減少し、各大学・短大間で学生の争奪戦が行われているという現実がある。だから各大学とも精魂を込めて自分の大学のパンフレットを作成する。1学期から夏休みにかけては、とくにそういったパンフレットが各高校に1日何十通と届き、それらが封も開けられないまま進路指導室に積み上げられている、というようなケースもある。これは田舎だろうが都会だろうが、郵送なのだから基本的に違いはない。

したがって、田舎の高校は受験情報が少ないというのは正しい認識ではない。まずは自分の学校の進路指導室を探してみる。そこには大量の資料が保管されているはずだ。志望校が決まっている読者も、ぜひ一度そういう資料を見に行ってみるといい。意外とためになることがいっぱい書いてある。

というわけで、進路指導室は案外楽しい場所なのだが、学校によっては気軽に入ることができない場合もある。そんなときは担任の先生などに相談してみるとよい。せっかく数多くの資料があるわけだから、活用しないともったいない。基本的には、進路指導室というのは生徒が積極的に出入りすべき場所なのだ。

また、気になる大学があるのにパンフレットが進路指導室にない場合もあるだろうが、そのときは各大学から直接送ってもらうことができる。各大学の電話番号は一覧になったものがあるので、それを元に電話してみる。「資料を送ってください」と言えば、どういうふうにすれば資料を送ってもらえるのか教えてくれる。

一方、書店で売られている各大学ごとの入試問題集などには、その大学（学部）のちょっとしたプロフィールが書いてある。それを購入する手もある。ただしこの場合、入学試験問題情報を参考にできる反面、プロフィールやデータは非公式なものなので、本当にその学校に興味があるのなら、公式の資料を手に入れたほうがよい。

同様に、最近はインターネットのホームページで気軽に各大学のプロフィールを検索できる。ただし、思った以上にたくさんの情報がひっかかってくるはずだから、知りたい大学についてある程度絞り込んでからでないと効率がよくない。それまではふつうのパンフレットなどの資料を見て、興味を持った大学や分野を探して行くとよい。

いずれにしても、どんな田舎の学校でも、情報があるところにはあるということだ。こまめに進路指導室や書店やインターネットを活用すれば、莫大な情報を得ることができる。この本を読んだ読者はぜひ一度、進路指導室に足を運んでみよう。

睡眠時間を削っても成績は上がらない

学校や予備校の授業で眠くなることは誰にだってある。高校生の場合、授業以外にも部活や委員会活動など疲れる要素は多く、他にも前日に何かのはずみで遅くまで寝つかれなかったとか、定期試験前でついつい遅くまで勉強してしまったとか、授業時間に眠くなることはべつに不思議なことではないのだ。

昼間にきちんと起きていようと思ったら、個人差もあるとは思うが睡眠時間は1日7時間ぐらいが目安だ。どんなに宿題が残っていても、どんな大切な試験が翌日にあろうとも、夜の睡眠は大切だ。そのためには、午前0時ぐらいにはちゃんと寝るようにする。

徹夜は絶対にしてはいけない。仮に翌日に大切な試験があるとして、徹夜で勉強して試験を受けても頭は回らない。もし、どうしてもやり残したことがあるのなら、就寝時間を遅くするのではなく、早起きして対処するようにする。必要最小限の睡眠を確保してから勉強するのだ。

そもそも、試験の前日にまとめて勉強するようなクセを学生時代につけてはいけない。「けじめをつけて遊ぶときは遊ぶ、勉強するときは勉強する」とよくいうが、この言葉を「試験前じゃないときは遊んでばかりいて、試験前は勉強ばかりする」という意味だと勘違いしている人は非常に多い。これではむしろ、けじめをつけずにぼーっと遊んだり、せっぱつまってイヤイヤ勉強したりする最悪なクセがついてしまう。

こんなクセが抜けきれずに、たとえば毎週1回締め切りがあるような仕事に就くと、毎週1回徹夜をしてしまうようになる。週1回ならまだしも、これが週に2回や3回になっていくと、けじめがつけられずに仕事のことしか頭になくなってしまう。これがいわゆる過労死の原因にもなっているし、ジャパニーズ・ビジネスマンの典型にもなっているのだ。

少なくとも本書の読者は「アリとキリギリス」の「キリギリス」ではなく、あくまで「アリ」になることを目標とすべきである。

第3章 高校生のための時間管理術

何をどれくらい勉強したらいいかが一目でわかる、特製学習計画カレンダー

まず質問。「高校3年間では何をどれくらい勉強したらいいでしょうか?」。この問いにさっと答えられるだろうか。

中学校までは勉強の内容は教師から与えられるもので、学校の進路にしたがいその範囲を確実に理解していればよかった。しかしこれからは違う。科目の選択から、どこまで深く勉強するかまで、自分自身が決めないといけない。大学受験勉強というのは主体性が要求されるのだ。

そこで、高校3年間で習う科目とその内容についてある程度把握しておく必要が出てくる。しかし、勉強の内容や度合いはひとりひとり違うため、一律にこうだとは言えない。ではどうすればいいか。

ここで登場するのが「学習計画カレンダー」だ。これを作ることで、自分がどの科目をいつまでにどれくらい理解すればいいか一目でわかる。これに従って勉強していくことで、学習の進み具合などをつねに意識することができるのだ。このカレンダーは早ければ10分もあればできる。

まず、今から受験本番までの表を作る。高校に入学したばかりなら12ヵ月×3年分だし、高校3年の5月なら、翌年3月までの11ヵ月分でよい。毎年4月が左端にくるよう折り返すと見やすくなる。

たとえば高校2年生になったばかりのA君の場合を考えてみよう。まず高校2年の4月から始まる2年分24ヵ月を表にする。次に、自分の志望校や学校のカリキュラムなどから、この2年間で勉強する内容を列挙してみる。ここには学校で習う範囲は入れない。A君の志望校は国立大学の医学部で、センター試験の5教科と2次試験の数学、理科、英語を勉強しないといけない。今まで学校で習った内容を考えると、次のような感じになる。

数学I、A　入試問題演習。

数学Ⅱ、B、Ⅲ、C　まだ習っていないので、一度勉強してさらに入試問題演習。

物理ⅠB、Ⅱ　全然習っていないので、一度勉強してさらに入試問題。

化学ⅠB　入試問題演習。

化学Ⅱ　全然習っていないので、一度勉強してさらに入試問題演習。

英語　苦手なので文法の総復習。志望校の2次試験では英文和訳と和文英訳がよく出題されるので、とくにその2つは入試問題演習。

国語　センター試験で点数が取れるように現代文、古文、漢文とも問題集1冊ずつ。とくに苦手の古文、漢文は文法をもう一度復習。

地理B　センター試験で点数が取れるように、ひととおり押さえる。

模擬試験の受験（2年間で10回くらい？）

志望校の過去問を解く（7年分）。

こうやって書き出してみると、2年間で驚くほど多くのことをこなしていかなければならないことが具体的にわかる。3年生になるとなおさらだ。ただし、このことを認識するだけでもじゅうぶん意義があるが、それだけでは何も進歩しない。実際にどうやってこのスケジュールをうまくこなしていくのか、それを考えないといけない。

そこで、これを先ほどの表に埋めて「学習計画カレンダー」を作る。こうすればどの時期までにどの科目がどれぐらい仕上がっていればいいか、というようなことも一目でわかる。

A君の場合、高校2年生の間に得意の数学II、B、IIIの入試問題演習をやってしまうほか、英語、古文、漢文の文法の総復習も2年生のうちに終えてしまうことにした。高校2年生にしては、かなり早いうちから受験を意識した勉強のようにも思えるが、これくらいのペースで勉強していかないと、受験科目の多い国公立大医学部に現役で合格するのは難しい。

こんなふうにしてカレンダーどおりに家庭学習を進めていく。早くからこれを意識して勉強していけば、受験勉強も意外にすんなりとこなしていける。逆に、こうしたことを全然意識せずに受験勉強をしていると、本番直前になってパニックを起こしてしまうことすらある。理系の場合は、たいていどの学部でも受験勉強の量が多いので、この学習計画カレンダーはなくてはならないものだ。

ちなみに、将来大学で研究をするときや、さらには住宅ローンや仕事の長期計画を組むときなど、さまざまなところで同様のカレンダー作成の手法が使える。うまく計画を立てることは、うまく人生を生きていくことにほかならないのだ。そういった意味でも、まずはしっかりと受験勉強計画を立てることが大切だ。

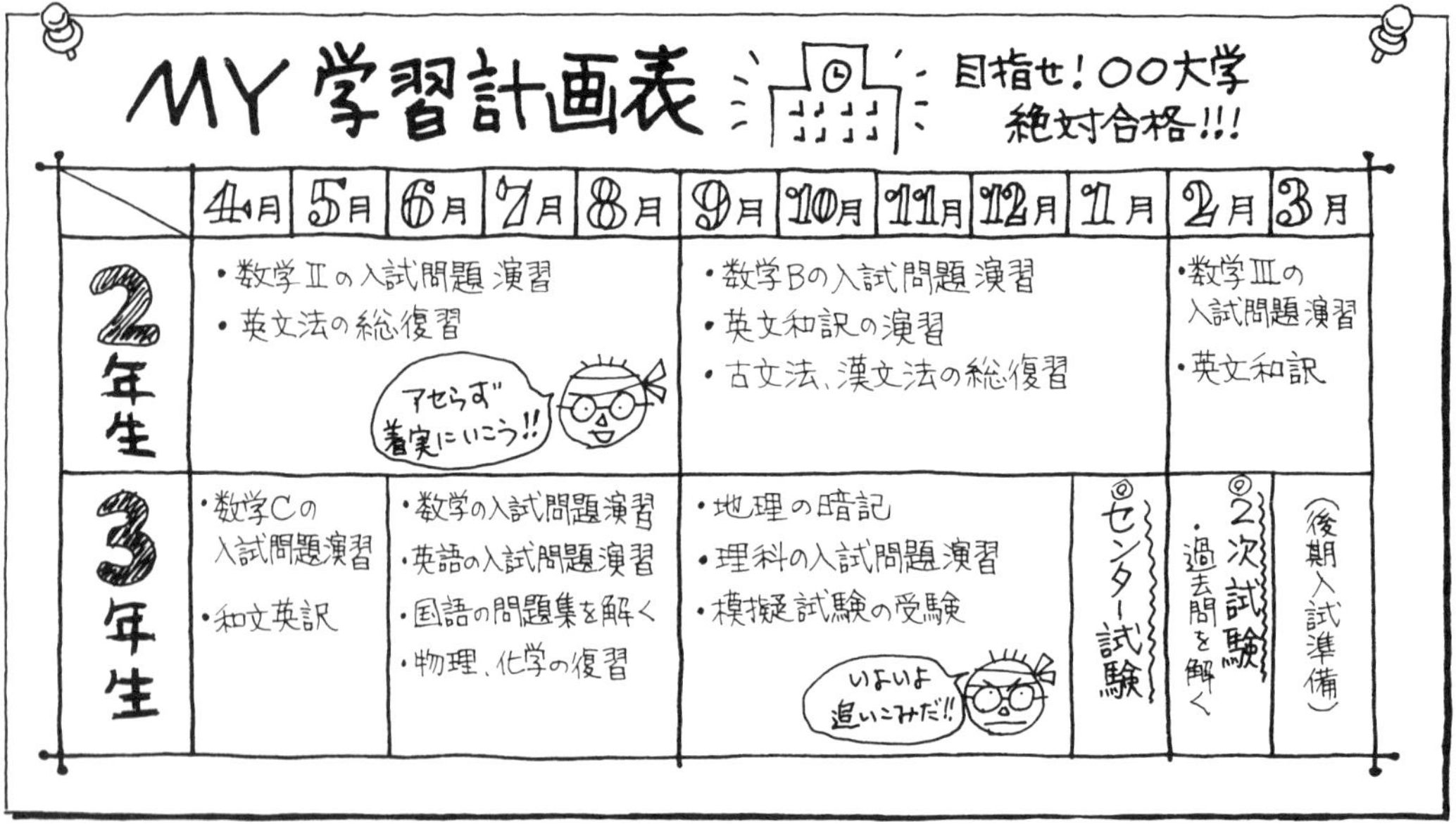
MY 学習計画表
目指せ！○○大学
絶対合格!!!
4月
5月
6月
7月
8月
9月
10月
11月
12月
1月
2月
3月
2年生
・数学Ⅱの入試問題演習
・英文法の総復習
アセらず
着実にいこう!!
・数学Bの入試問題演習
・英文和訳の演習
・古文法、漢文法の総復習
・数学Ⅲの
入試問題演習
・英文和訳
3年生
・数学Cの
入試問題演習
・和文英訳
・数学の入試問題演習
・英語の入試問題演習
・国語の問題集を解く
・物理、化学の復習
・地理の暗記
・理科の入試問題演習
・模擬試験の受験
いよいよ
追いこみだ!!
◎センター試験
◎2次試験
・過去問を解く
（後期入試準備）
学習計画カレンダーの一例

自分が見えてくる時間割づくり

無駄のない時間の使い方とは？

生徒の悩みを聞いていると、「時間を有効に使うにはどうしたらよいか」というのがけっこう多い。世の中の本のベストセラーを見ても、この手の本がたくさん売れていることがわかる。

おそらく世の中の大人は誰でも、できるものなら青春時代をやり直したいと思っているに違いない。勉強も、趣味も、恋愛も、大人になってからわかることがいっぱいある。そう考えると、確かに高校時代は無駄な時間をいっぱい使っていたのかもしれない。「有効な時間の使い方」を少しでも考えておくことは大切なことなのだ。

しかし、「本当に時間の有効な使い方なんてあるの？」という疑問も一方ではある。たとえば非常に効率よく高校3年間を受験勉強に費やすことができたとして、はたしてその勉強は社会においては無駄じゃなかったか。非常に効率よく高校3年間を音楽活動に費やしたとして、結局会社員になったのなら無駄だったとは言えないか。非常に忙しい3年間を送ったとして、「もっとゆっくりとした3年間を送ればよかった」などということにならないか。

ある人にとっては勉強することが有効な時間活用かもしれないし、別の人にとっては思う存分本を読むことがそうなのかもしれない。ひとりひとりの価値観によって、何が有効で何が無駄かは違うのだ。

同じ勉強でも、受験に関係のない科目の勉強は無駄だと思う人もいれば、受験勉強こそが無駄な勉強だと思う人もいるだろう。全員が同じ時間の使い方をするような画一的な方法では、「有効に時間を使う」という目的は決して達成できない。自分の意志で、自分の有効な時間の使い方を見つけ出すしか方法はないのだ。

そこですべての高校生にすすめたいのが「自分自身の時間割」を作ることだ。ぜひ今すぐに取りかかってほしい。時間割を作ることとは、自分にとっての理想的な時間の使い方を確認することでもあり、これを守ることで自分の理想を追い求め「無駄な時間を使わない」ことにつながるからだ。

とりわけ受験勉強に関しては、これがかなり功を奏する。なぜなら受験勉強は適当にやっているだけではうまくいかないからだ。理系の現役高校生の場合、試験範囲の中にはまだ習っていない部分も多く、すべてを学校任せにしているわけにもいかない。自分でどんどん勉強することが大切だ。言いかえると、時間さえうまくこなせば理系の受験勉強は成功だといえる。

実際に自分専用の時間割を作ってみよう

では、ある理系高校生を想定して時間割を作ってみよう。

まずＡ４の紙かＢ５のルーズリーフなどを用意して、ペンで時間割の枠を作る。縦は起きてから寝るまで、普通は朝の7時から夜の12時くらいまで取ればよい。横には1週間の日数（7日）を取る。ただし、土曜日に授業があったり部活動で日曜日がつぶれたりすることが多いときは、土曜日や日曜日を2通り作るため、横に8日分か9日分取る。

次に、学校（＋塾など）の時間、食事の時間、風呂の時間、就寝時間などを、その中に鉛筆で書きこんで行く。このときのポイントは無理をしないこと。睡眠時間は7時間はほしいし、食事の時間も休憩を入れて1時間くらいはほしい。登下校にも少し余裕を持って時間を確保する。

じつは時間割を作ることは同時に、「自分にとって何が大切か」を整理する作業でもある。受験勉強以外にも大切なことがある。それはピアノかもしれないしスケボーかもしれないし、毎日の読書かもしれない。受験勉強ばかりしつづけるより、時々別のことで気分転換したほうがはるかに頭がよく働くものだ。そういった時間もちゃんと確保する。「毎週日曜日の午前中に1時間ピアノの練習」とか、そんな感じだ。

もちろん、友人と遊びに行ったりもしたいだろうから、1～2年生の間くらいは日曜日の午後をそれにあてるとよい。ともかく、自分の理想を時間割で実現していく。

ここまで作業を進めると、空白の時間がたくさん見えてくる。そうした時間をうまく学習にあてれば、それが理想の時間割になる。たとえば高校3年生の切羽詰まった状況なら、それをすべて学習にあてればよい。

高校1年生のときは、まだいろいろなことにチャレンジしたいはずだ。そんなときは必要最小限の時間（たとえば英語と数学を毎日1時間ずつ）だけ学習にあて、それ以外は好きなこと、やりたいことをする。ただしできるかぎり何をするのか明記しておく。何をしてもいいような空白の時間はなるべく作らない。ここがミソだ。

受験直前の生徒は、時間を有効に使おうと気持ちばかりが焦って、睡眠時間を削ったりご飯を食べる時間を削ったりしてかなり無理をしがちだが、そんなことをして体をこわしたりするほうがよほど時間を無駄に使っていることになる。

一方で、友人らと話し込んでしまいだらだらと時間を過ごしてしまう受験生も多い。自分で時間割を作り、それを忠実に実行していくことでそれを防ぐことができる。ともかく自分の生活のリズムを自分で正していくことは、受験勉強をうまく乗り切るために最も必要な能力なのだ。そして今これを練習しておけば、必ず社会に出てからも役に立つはずだ。

ここでは3パターンの時間割例を挙げておく。これらを参考にしながら、さっそく「自分だけの時間割」を作ってみてほしい。きっと今まで気がつかなかった、自分にとって大切な何かがはっきりと見えてくるはずだ。

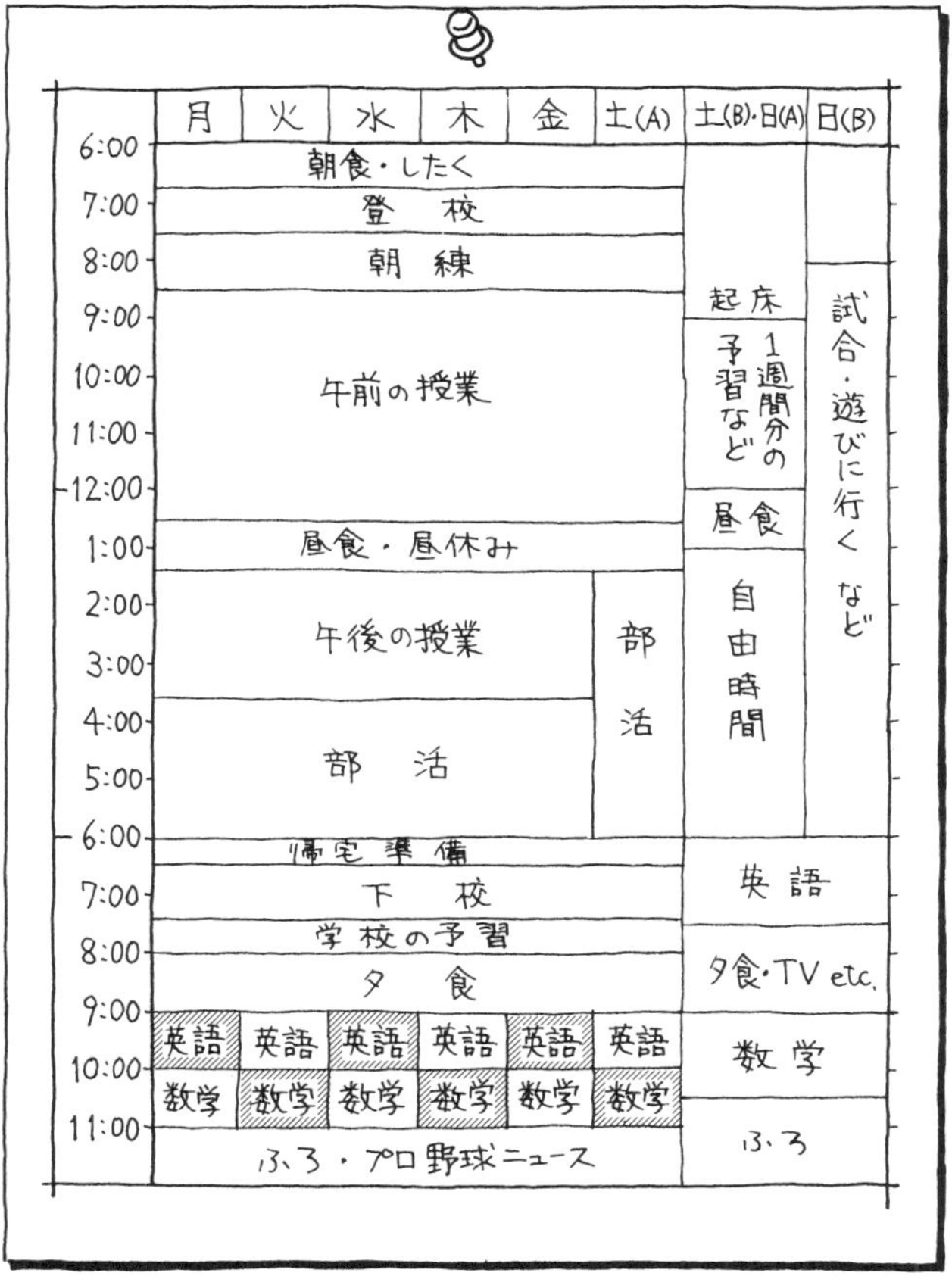

高校１～２年の時間割例

英語と数学は毎日１時間ずつ勉強する。毎日の英語と数学の欄に交互に斜線が引いてあるのは、もしも他の科目の宿題などがある場合はそれと置き換えてもよい、という意味。こうすればほぼ毎日英語と数学を勉強することができる。

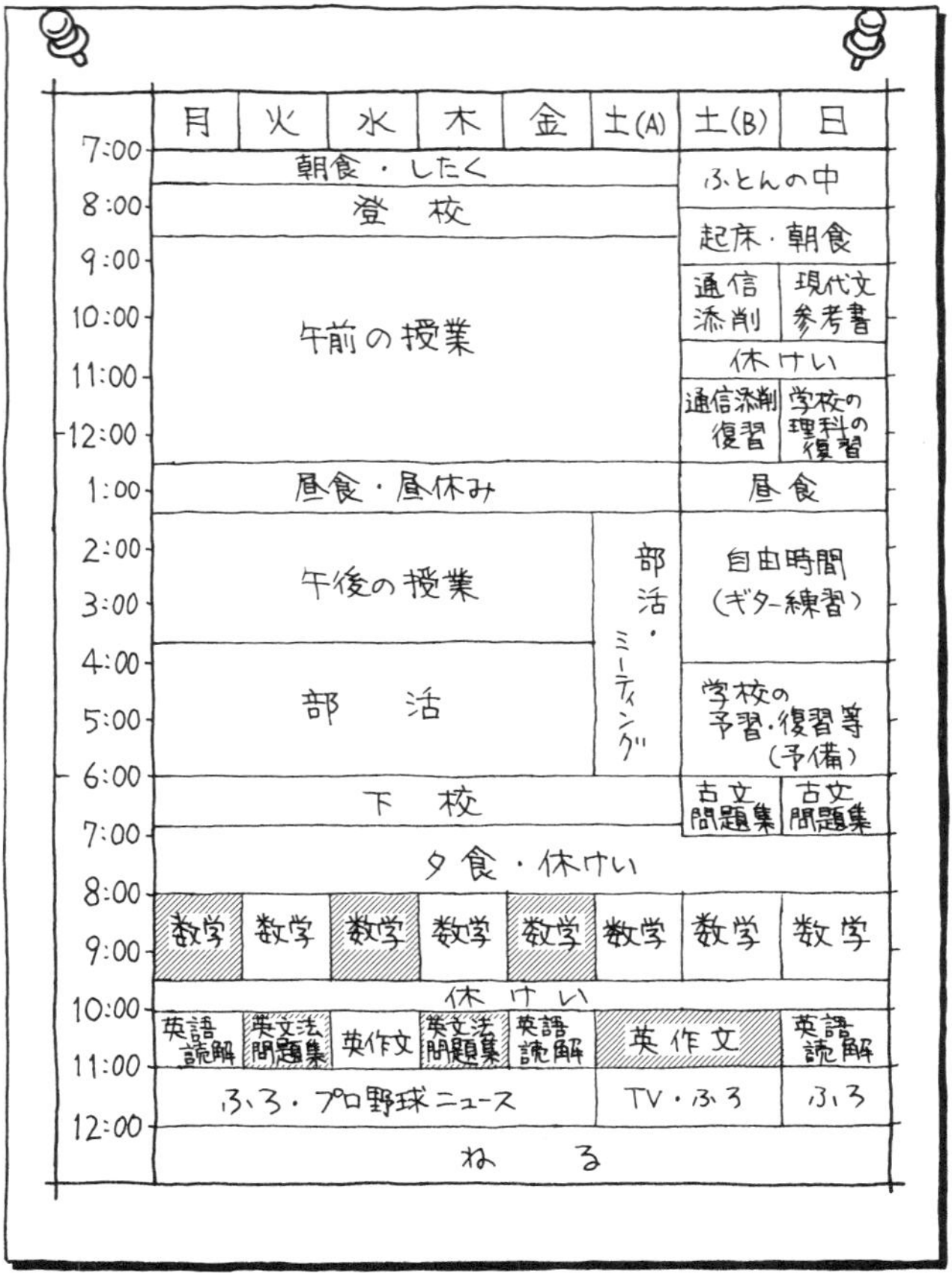

時刻	月	火	水	木	金	土(A)	土(B)	日
7:00	朝食・したく						ふとんの中	
8:00	登校						起床・朝食	
9:00	午前の授業						通信添削	現代文参考書
10:00								
11:00							休けい	
12:00							通信添削復習	学校の理科の復習
1:00	昼食・昼休み						昼食	
2:00	午後の授業					部活・ミーティング	自由時間（ギター練習）	
3:00								
4:00	部活						学校の予習・復習等（予備）	
5:00								
6:00	下校						古文問題集	古文問題集
7:00	夕食・休けい							
8:00	数学	数学	数学	数学	数学	数学	数学	数学
9:00	休けい							
10:00	英語読解	英文法問題集	英作文	英文法問題集	英語読解	英作文		英語読解
11:00	ふろ・プロ野球ニュース					TV・ふろ	ふろ	
12:00	ねる							

高校3年1学期の時間割例

数学の勉強時間を毎日90分に増やした以外は、高校1～2年のころと変わらない。部活動もじゅうぶんやっていくことができる。この時期は少し過密スケジュールになりがちだが、ここさえ乗り切れば後がかなり楽になる。

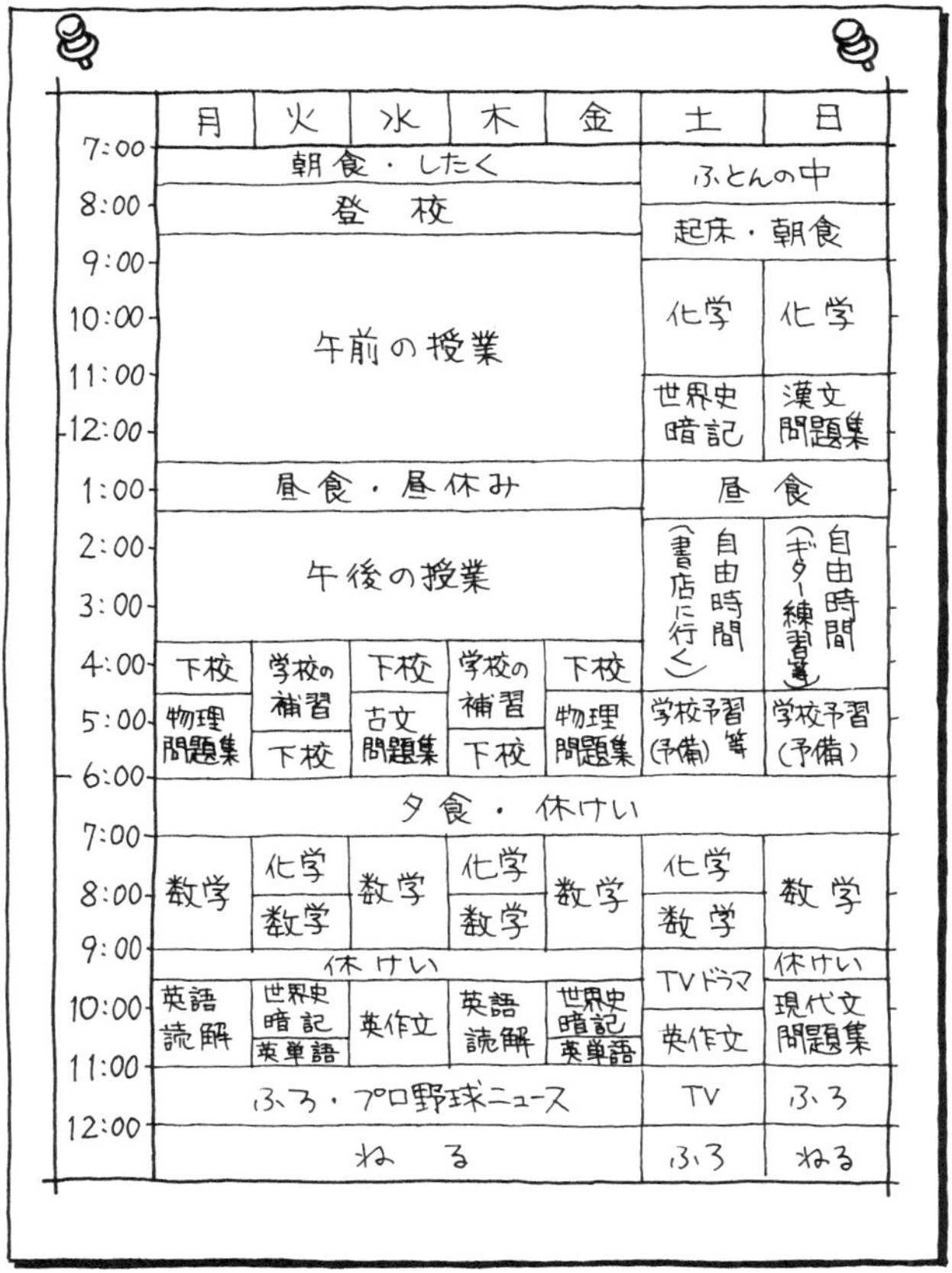

高校３年２学期の時間割例

国公立大理系志望で、２次試験で英数の他に理科２科目が課される場合の例。できるかぎり英数は毎日勉強するようにする。この例では物理の時間が少ないが、苦手な科目を多くするなど、自分の得手不得手を考えてそのあたりは調整する。

「捨てている」授業時間を効率的に過ごす方法

高校3年生ぐらいになってくると、志望校もかなり絞られてくるため、学校の授業の中には入学試験に関係のない科目も出てくるに違いない。学校の先生の立場からすれば、「入学試験科目であろうがなかろうが、どの科目も大切だ」ということになるが、実際に受験勉強をしている側からすれば、そうした授業時間は少しでも受験に関係ある科目の勉強に回したくなるものだ。

そういう「捨てている」授業で多く見かけるのが、机に突っ伏して寝る生徒だ。授業中に別の科目の問題集を広げて内職をするのは気が引ける。でも時間がもったいない。そこで、前日の晩に夜遅くまで勉強をし、睡眠不足気味で学校に来て、その「捨てている」授業を睡眠時間にあてようというわけだ。しかし、はたしてそれが受験勉強のためになるのだろうか？

高校生がひとつの科目を完全に捨てるのは不可能だ。大学なら「この授業で点が取れなくても卒業できる」と言ってまったく授業に出ないなんてこともありうるが、高校ではそれはできない。

結局、ある科目で授業中ずっと寝てしまったら、定期試験の直前になって猛勉強をしないといけないことになる。そのぶん、ちゃんと授業を聞いていた生徒にくらべて余計な時間を費やすことになるのだ。これでは「捨てていた」はずの科目が、むしろ足を引っ張る結果にもなりかねない。受験勉強で忙しいときこそ、受験に関係のない科目は効率的に勉強しないといけないわけだ。

たとえば、受験に関係のない日本史の授業で「戦国時代」を習っていたとする。ここで大切なことは、授業中に「戦国時代」をしっかり勉強し、定期試験のときにほとんど試験勉強なしで及第点を取ることだ。こうすれば定期試験前でも、受験に関係のある科目だけに勉強を集中することができる。

そのためには、授業中もひたすら集中して教科書、資料集、参考書などの「戦国時代」の部分を読む。場合によっては先生の話している内容と同じところを読む必要はない。これなら退屈もしないだろう。もちろん、ポイントになるような重要なところは先生の話をちゃんと聞く。

こうしておくことで、定期試験のときに全然勉強しなくてもそこそこ点数がとれる。この勉強法だと、もしかしたら捨てたはずの科目でよい成績をとってしまうかもしれないが、自信がつきこそすれ悪い気はしない。そのぶん、自分にとって大切な別の科目にじゅうぶんな時間をかけることもできる。

一日の半分以上を過ごす学校での授業の聞き方はけっこう重要だ。「捨てた授業」でまったく関係のないマンガを読んだり、机に突っ伏して寝たりするだけでは、あまりにも時間がもったいない。自分にとって重要ではない授業だからこそ、有効な授業時間の過ごし方があることを知っておくべきなのだ。

通学時間を有効に使うコツ

通学途中のある会話

予備校講師というのは、教えている時間よりも移動の時間のほうが多いのではないかというぐらい移動が多い。大阪、神戸、奈良と毎日のように電車で移動していると、時間帯によっては帰宅途中と思われる高校生が大勢乗っていたりして、観察していると興味深い。

先日も朝の地下鉄の中でこんな男子高校生の会話を耳にした。

A「俺な、どんな漸化式でも解ける画期的な方法、発見してん」

B「そんなんウソに決まってるやんけ」

A「それがな、すごいねん。まずな、漸化式からa_1、a_2、a_3……と最初のいくつかの項を見つけて、それから類推すんねん。ほんでな、帰納法で証明すんねん。どんな漸化式でも解けるで。今日の試験でやってみよう思うねん。お前もいっぺんやってみ」

そのときは思わず顔がゆがんでしまい、その高校生たちに失笑を買ってしまったのだが、この会話は非常に奥が深い。考えてみるとA君の言っていることはあながち間違いではないからだ（類推さえできれば、の話ではあるが）。きっとA君は漸化式の問題が出たら、この「奥の手」を使って切りぬけるに違いない。

これは一例だが、電車やバスの中で友人同士勉強の内容について話すのは有意義だ。どうやって覚えたらいいのかとか、どうやって勉強しているのかとか、どの先生は教え方がどうだとか、こういう会話が素っ気ない授業内容を興味深いものに変えていく。

通学中だからこそできる勉強

友人同士で授業の内容を話し合っている高校生とは対照的に、ひとりで単語帳や教科書を開いている生徒も多い。遠くから通ってきていれば、電車やバスの中にいる時間が１日の多くを占めていることもあるだろう。そういう時間が貴重な場合だってある。

ではどんな時間の過ごし方がいいのだろうか。毎日教科書を広げて勉強すべきなのだろうか。

一番よいのは、もし一緒の方向に通っている友人がいたら、学校で起こったいろんなことを話し合うことだ。たわいのない話でも何でもよい。友達づきあいの話、授業の内容、ともかく話をする。

そんな中で、その日の授業がどんな内容だったとか、違う科目を取っているのならどんな内容なのか、というようなことが話題になれば、じつはこれがかなりの予習復習効果につながる。長い距離を電車やバスに乗っているのなら、それこそいろんな科目について話し合える。

たとえば「数学のベクトルの内積がなんであるのかよくわからんねん」と友人に悩みを持ちか

ける。その友人が「うちもようわからんけど、とりあえず内積の問題は、2乗しとけばどうにかなるでぇ」と答える。数学的にはかなりいい加減な会話だが、実際にこのおかげで内積を理解するきっかけがつかめる、なんてことはよくあることなのだ。

もしもひとりなら、外の景色でも眺めながら、今日学校の授業で習ったことや自分で勉強したことを頭の中で思い出してみる。スポーツでいうところの「イメージトレーニング」である。これは効果がかなり高い。バスや電車に乗りながら目を使わずに、時間を有効に使えるので、こういう場合にぴったりの学習法だ。

勉強というのは、文字や文章で覚えるよりも、語呂合わせやリズムやイメージで覚えるほうが頭の中に数段早く入ってくるものなのだ。たとえば日本史で「桜田門外の変」を習ったら、雪の積もった江戸城桜田門を出たところで日本刀で切りつけられるシーンを想像する。「そんな時に切りつけられたら、きっと寒くて痛いだろうな。桜田門を歩くときは気をつけないと」とか適当なことを考えればよい。

「そんなこと考えつかないよ」という読者もいるだろう。もちろん、桜田門外の変が冬であることなど学校では習わないかもしれない。こういう情報を手に入れるには、テレビ番組が意外と効果的である。

一方、英語や古文の場合はもっと単純で、習ったことをひたすら口まねするだけでよい。たとえば英語で習った有名な例文を暗誦してみる。「クジラが魚でないのは人間が魚でないのと同じだ」とか、そんな文章を習ったらその英文を頭の中で思い出してみる。古文で「反語」を習ったら「〜だろうか、いや〜ではない」と頭の中でぼーっと思い出す。くだらないようだが、こういうのが意外に効果が高い。

本音を言えば、これはバスや電車で通っていない学生も実践すべきものだ。本を広げている勉強時間より、むしろ本を閉じている時間が重要だと言える。勉強道具を持たずに時間をつぶさないといけないようなとき、入浴中、夜寝ようとしても寝つけないとき、などである。

一方、電車やバスで本を読むのも悪くはないが、乗り物の中で目を使うのはできるかぎり避けるべきだ。とくに暗くて振動の多いバスの車内で本を読むのは、かなり目の酷使になる。目が疲れると、視力が落ちるだけでなく、肩こりや頭痛の原因にもなる。乗り物の中ではリラックスするべきだ。そういう意味で、乗り物、とりわけバスの中での読書はすすめない。

余談だが、遠い距離を通っている生徒は、かなり成績がいいか、あまり成績がよくないか、どちらかであることが多い。これは電車やバスの長時間の通学時間が大切である証拠だ。机に向かって本を開くだけではできない勉強が存在することをぜひ知ってほしい。

第4章 受験勉強に関する素朴な疑問

国公立大志望と私大志望で受験勉強はどう変わる？

高校3年生ともなるとある程度志望校も固まり、自分の受験教科がしぼられてくる。たいていはいくつかの大学の同じような学部を受験するわけだから、受験科目もだいたい各校とも同じようなものになる。

しかし同じ学部でも、私立大学と国公立大学では入試科目が違う場合が多い。センター試験を課す多くの国公立大学では、英数国理社の5教科すべてをそれなりに勉強しないといけないのに対して、私立大学の多くは関連の主要3教科が受験教科である一方、科目数が少ないぶん入試で要求される知識もより専門的であることも多いのだ。

私大は2〜3科目の試験で合否が決定されるのに対し、国公立大の場合はセンター試験6科目と2次試験（平均的に3科目程度）の合計10科目近い試験で合否が決まる。期間的にも私大入試は1日ですべての試験が終了するのに対し、国公立大入試は1月中旬のセンター試験から2月末の前期2次試験の1ヵ月強と、圧倒的に国公立のほうが長期戦を強いられる。

こうなると、受験直前の勉強方法にも少し違いが出てくるのは当然だ。そこで、これら2つの入試の違いを深く考えることで、それぞれの入学試験に適した勉強法を考えてみよう。

私立大学向け勉強法

ここで言う私立大学には、センター試験と関係のない理系の短大や専門学校、文部省の管轄下以外の大学校なども含む。

私立大学の入学試験の場合、科目数がそう多くないから失敗があまり許されない。その日に調子が悪くて試験でうまくいかなかったら、その時点で1年間の努力が無駄になってしまう。だから、その大学の個性をよくつかみ、できるかぎり有利に試験を受けることが大切だ。

どの大学にもすべて個性がある。偏差値だけでは測れない奥深さともいえる。これをつかんでおくことで、一発勝負の私大入試をいつもの学校の定期試験に近い感覚で受験することができる。

まず、過去の入試問題を実際に解いていくことで傾向をつかむ。できればこの作業は3年生の2学期あたりから始める。できるかぎり多くの過去問を集め、古いものから順番に解いていく。同じ大学の違う学部・学科の問題なども参考になる場合があるので、それも解いてみる。

スケジュールを組んで、ちょうど入試直前にすべてが終わるようにしておく。たとえば2学期の毎週日曜日を「過去問を解く日」ということにしておき、模擬試験などで時間がふさがらないかぎりは、毎週1セットでも志望校の入試問題を解いていくとよい。

次に、実際に入試本番のどの科目でどういうふうに問題を解いていくか、ということもある程度考えておく。たとえば「英語の試験で毎年最後の読解の問題が解きやすく、かつ配点も高そうなので、最後の問題から手をつける」とか、「数学では、毎年出題されているベクトルの問題が他の問題にくらべて簡単なので、そこから手をつける」というようなことを前もって考えておくのだ。これがかなりモノを言う。

解いているうちによく出題される分野が実感できる。その分野を少し時間をかけて徹底的に勉強する。私立大学というのは、学校によって入試の個性が強いことも多い。毎年同じ分野から必ず出題されるということもある。そういった分野を完全にしておくだけでも、自分でも信じられないような大学に合格することだってじゅうぶんありうる。

私立大学向け勉強法

高校1年～3年1学期

英数国3教科の実力を
つけることに集中。

とにかく
英・数・国
英
数
国

高校3年 2学期から

理科2科目の受験勉強を始める。
過去の入試問題にも取り組み始める。

ボクの
場合は
コレだな
化学
生物

カコモン
カコモン

過去の入試問題はできるだけたくさん集め、毎週時間を決めて解く。私立大学は出題傾向に個性があるのでそれをつかんでおく。スケジュールを組んで、本番の入試直前にすべてが終わるように。

本番の入試で出題傾向の予想がはずれたら……

他の受験生もあせっている。気持ちを落ち着けて実力を出し切るようにする。こういうときはあせったら負けだと心得よう。

むしろ
チャンスさ…

不運にも予想がはずれることもあるだろう。実際の入試では何らかの事情で、出題がそれまでの傾向とは大きく違っていたなんてこともある。しかし、そんなときにも焦る必要はない。自分が焦っているときは、他の受験生も同じように焦っているのだ。だからそれを逆手に取る。すなわち、他の受験生が焦っているうちは、むしろチャンスなのだ。傾向が変わってもふだんどおりの落ち着いた気持ちで対応できれば、他の受験生が調子を落としているぶん、相対的に順位が上がる。間違っても自分まで焦って調子を落としてはいけない。

国公立大学向け勉強法

国公立大学の場合、センター試験と2次試験の得点の合計で決まる。まずは、志望校のセンター試験と2次試験の配点をよく見て対策を立てよう。

たとえばセンター試験は800点満点、2次試験は数学と理科の300点満点というのであれば、センター試験の重要性は高い。一方で、センター試験は400点満点、2次試験は700点満点という学校もあったりして、その場合は1次試験はかなり気楽に受験できる。

たいていの学校ではセンター試験のウェイトが高い。しかも5教科すべてが試験科目として課されるので、この試験をいかに乗り切るかというのは大切な問題だ。

センター試験は非常によく考えられていて、本当にまんべんなく勉強している生徒だけが高得点をあげることができるように作成されている。したがって、個性が強い私大入試のように、過去問を解いて傾向を見つけ出そうというようなことはあまり考えないほうがよい。

理科や社会は秋からの勉強でかなり点数が伸びる。この2教科の配点の比率が大きい場合は、2学期からの勉強がかなり大切になってくる。逆にいうと、英数国は夏休みまでにある程度実力をつけておくべきだといえる。だから夏休みの終わりの時点でのマーク式模擬試験は、とくにこの主要3教科に重点をおいて受験するとよい。

「理科も社会も秋からで本当に間に合うのか」と不安な気持ちになるかもしれないが、そのために3年生の1学期までは高校での理科・社会の定期試験対策をしっかりやっておく。2学期以降はこの2教科にかなり時間を取られるため、それまでに英数国をしっかり勉強しておくことが大切だ。

理系の場合、たしかに理科の勉強は重要だが、2次試験で理科を課す場合はセンター試験の配点は多くないし、多くの理系学生にとって理科は得意科目に違いない。センター試験の理科の試験がかなり基本的な出題が多いことを考えると、理科は2次試験直前の追いこみ時期に勉強するほうが得策だといえる。むしろ、2次試験で課されることがない社会のほうが結果的に重要な場合も多い。そのあたりは自分の理科の得手不得手や、入学試験の配点などで臨機応変に対応すべきだ。

国公立大学向け勉強法

高校1年〜3年1学期

英数国３教科の実力をつけることに集中。理科、社会科は定期試験対策をしっかりやり基礎を身につけておく。

高校3年 夏休み

英数国の仕上げの意味でマーク式模試を受けてみる。

高校3年 2学期

理科、社会科の受験勉強を始める。

センター試験と2次試験の対策のちがい

センター試験……

マーク対策ばかりやっても無意味。まんべんなく実力を評価されるので、総合的な学力をつけておく。

２次試験……

私大入試と同じように過去の入試問題に取り組み、受験大学の出題傾向をつかんでおく。理科はセンター試験以降２次試験直前までの追い込み勉強がモノをいう。

センター試験が終わったら2次出願に移るわけだが、いったん出願したらあとは私大入試と同じような感じで勉強する。すなわち、各大学の2次試験で出題される入学試験の「個性」を見つけ出すためにも、過去問を解いていくのだ。よく出題されるような分野があるのなら、それは徹底的に勉強する。

出願後は日数が少ないのでスケジュール管理に気をつける。数学も理科もセンター試験より格段に範囲が広がるわけだから、これら2科目の追いこみはとりわけ急いで行う。

ここが違う！　大学入試に合格する生徒、しない生徒

学校のクラスや予備校の友人たちの顔を思い出してみよう。このうち何人かは志望校に合格し、残りの何人かは志望校に不合格になるのだ。はたして誰が合格し、誰が不合格になるのだろう？志望校に合格する人としない人の違いは、いったいどこにあるのだろう？

志望大学に合格するためには2つの要素が必要だ。ひとつは学力であり、もうひとつは「何がなんでも合格する」という貪欲さだ。この2つを兼ね備えた学生が、たいてい志望校に合格する。

ところが、生徒たちを見ていると、彼らの学力についてはある程度わかるものの、「何がなんでも合格する」という気持ちがあるかどうかなんてわかるものではない。だから実際の入学試験

本番では番狂わせがけっこう多い。

教師の目から見た「合格しそうな生徒」とはたいてい素直な性格をしている。なぜかというと、素直な生徒は教師の言うとおりに勉強するからだ。「わからない単語が出てきたらちゃんと辞書で調べなさい」と教師が言えば、必ず辞書で調べてくる。「毎日数学の問題を解きなさい」と言えば必ず数学の問題を解く。そんな生徒が合格しないなんて考えられない、というわけだ。

しかし実際に合格するのは、意外にもふてぶてしい生徒だったりする。「わからない単語は辞書で調べろって、なんべん言うたらわかんねん」といつも怒られているような生徒だ。こういう生徒は、「要は試験本番で点数取ったらええんやろうが」というような感じで本番直前になって猛烈に勉強をしはじめる。そして、そこそこの学力と「何がなんでも合格したる」という意気込みで、すんなりと合格してしまう。

一方の素直な生徒は、受験直前になってひとりで勉強するようになると、誰も何も言ってくれないためにペースがダウンし、それにつれて学力も低下する。しかも学校の先生の「きっときみは大丈夫だ」という言葉に惑わされ、「何がなんでも合格する」という意気込みも薄れてしまい、場合によっては最悪の結果になってしまう。

それぐらい「何がなんでも合格する」という気持ちが入学試験では重要なのだ。でも、どうしてそんな気持ちが大切なんだろう？　ふつうに素直に勉強すれば合格させてくれるような入学試験にどうしてしてくれないんだろう？

それは恋愛とよく似ている。女性が本当に好きなのは「ふてぶてしい人」ではなく「優しい人」だ。でも優しいだけでは、男性は意中の女性をゲットできない。なぜなら優しいだけの男性は、他の女性にも優しいのかもしれないからだ。

そこで女性は男性の気持ちを確かめる。男性がそのときに「何がなんでもこの女性を俺のものにする！」という意欲を見せないと、残念ながら女性は離れていってしまう。それが男女間の恋愛の掟というものだ。

入学試験もそれと同じく、本当に大学がほしいのは「ふてぶてしい生徒」ではなく「素直な生徒」だ。しかし素直というだけで入学試験に合格させていたら、他の大学に取られてしまうかもしれない。そういう生徒が自分の大学を第１志望に選んで「絶対合格したる！」と思ってくれるのを期待しているのだ。

だから多くの大学は入学試験で個性を出す。その個性に合わせて勉強してくれた素直な生徒、すなわち自分の大学だけを狙って勉強してくれている生徒に来てほしいのだ。

いちばんいいのは、「素直な生徒」が入試直前に意気込みを発揮し、猛烈に勉強して合格することだ、といえる。そのためには、いくらそれまでの模擬試験の成績がよくても、あるいはいくらそれまでに周囲から「きみはきっと合格する」と言われていたとしても、すべて忘れるのがよい。「入学試験では学力以上に気持ちが大切」ということを肝に銘じて勉強するべきなのだ。

中高6ヵ年一貫校の生徒に負けない方法

進学校といわれる6年校は何をやっているのか

予備校の数学講師をやっていると、学校ごとにかなり進度が違うのがわかる。たとえば高校2年生のクラスで2学期にベクトルを教えてみると、「そんなもんとっくの昔に習ったし、もっと早く進んで」という顔をしながら聞いている生徒もいれば、「そんな話初めて聞いた」というふうにきょとんとしながら聞いている生徒もいる。学校ごとの進度の違いはかなり如実だ。

その中でも、とくに6年間一貫教育の学校（以降「6年校」と呼ぶことにする）とふつうの3年間の高校（同じく「3年校」）では大きな差がある。正直なところ、予備校で1つのクラスに両方の学校の生徒がいたら、かなりやりづらい。どっちに合わせてももう片方の生徒から文句が来るからだ。数学で言えば、高校1年生の春の段階では、6年校が数学I、Aを終わって数学IIに入っているのに対して、3年校ではまったくなにも習っていないという状態で、その格差が非常に大きい。

数学以外の他の科目でも状況はそう変わらない。そもそも6年校のメリットは高校受験がないことと、ある程度生徒の学力がそろっていることだ。だから6年校の場合、中学校で履修する部分でスピードを飛ばしてもたいていの生徒はついてくるし、高校で習う部分と中学校で習う部分の順番を入れ替えたりすることによって、効率よく履修することが可能なのである。

　6年校での各科目の平均的な履修状況はだいたい次のような感じだ。

数学　中学1年と2年の途中までで中学校の全課程を終了、残りの期間で数学Ⅰ、Aを学ぶ。高校1年でⅡ、Bを終え、理系の場合は高校2年生からⅢ、Cと問題演習を、文系の場合は問題演習をどんどん行う。

英語　中学1〜2年生の間に中学校の全課程を終了、以降1年ずつ先取りして高校2年まででほぼ高校までの全課程を終了、3年では原書を教科書として導入したりして応用力をつける。学校によってはオーラル・コミュニケーションにかなり力を入れるところも多い。

国語　進度的に早いわけではないが、中学校の段階で口語文法、文語文法をかなり詳しくみっちりやる。

理科・社会　中学校の段階からかなり高校の履修内容に近い授業を受ける。それゆえ高校での2科目の履修がほとんど苦にならない。

見てのとおり、とくにスピードの差が歴然とするのが数学である。中学校で履修することになっている数学の分量はそう多くない。高校の3年間で習う量にくらべたら、中学校で習う分量は5分の1か10分の1くらいだろう。昨今の文部省の指導要領の改訂で中学校で習う分量はさらに激減し、一方で大学受験の数学のレベルはほとんど変わっていない。結局高校で習う分量がますます増えているというのが実情だ。

6年校に負けないための4ヵ条

3年校の中学校に進学すると、まず高校受験のためにかなりきつい生活を送らなければならず、しかもやっとの思いで高校に入ったら、こんどは中学校のときとはくらべものにならないような膨大な量の勉強をしないといけない。

しかも一部の3年校の授業は、進学率を上げる意味でもかなりのスピードで展開されている。そのため多くの3年校の生徒が、そんな早い授業についていけない自分のことを「数学ができない」「英語ができない」と勘違いし、どんどん悲観的になっていくようだ。とくに理系の学生の

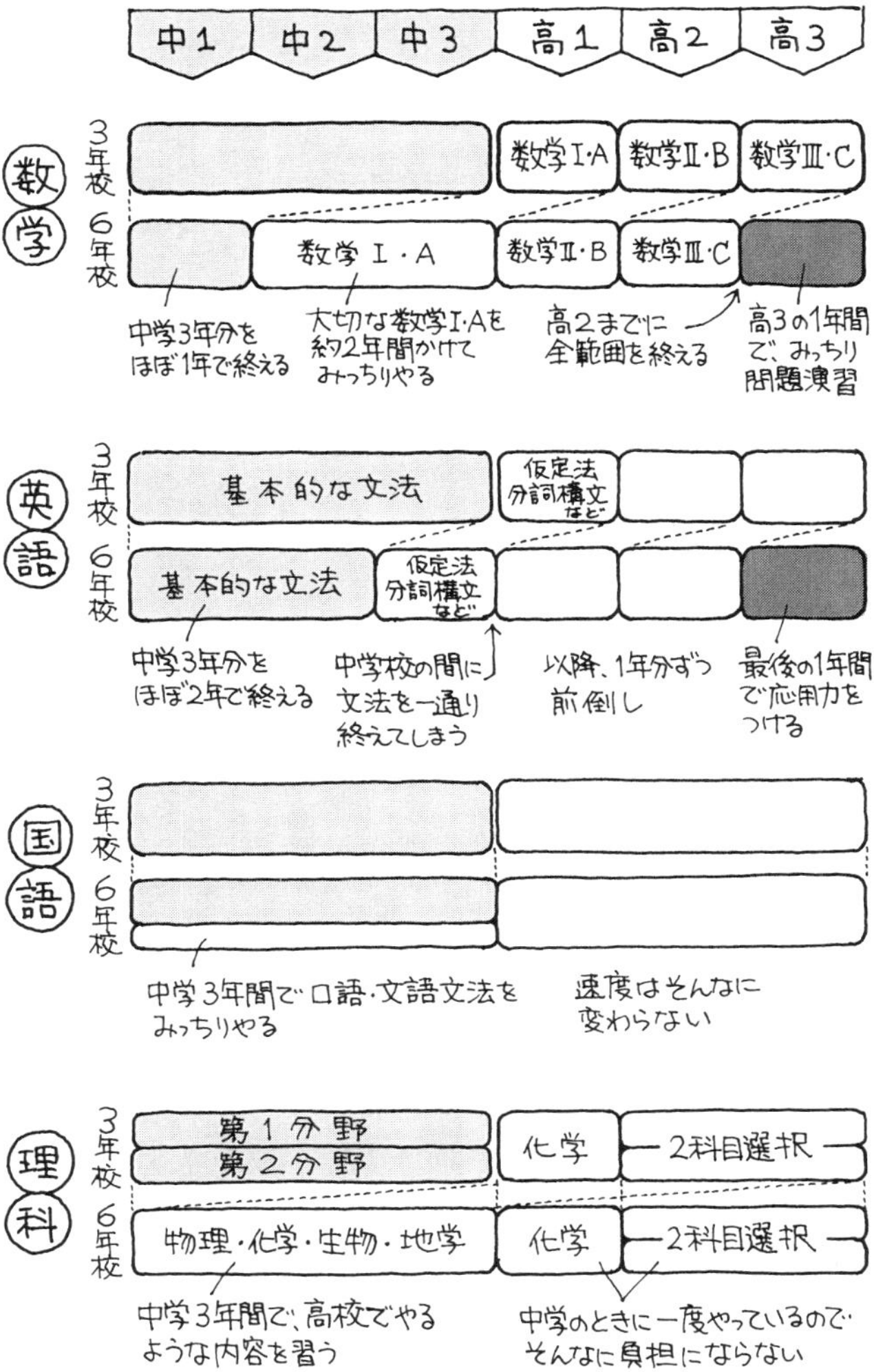

6 年校と 3 年校のカリキュラムの違い

場合、その傾向が強い。
そこで、ここからは3年校の理系志望者にいくつかアドバイスを書こうと思う。

①遊びほうけない

まず高校入学の時点で「中学校の間は勉強ばかりしてきたから、これからは遊んで暮らせる！」と思ってしまい、1年生のときにほとんど勉強しないで過ごしてしまう生徒が多いようだが、これが命取りだ。実際、高校2年生で慌てて塾や予備校に来る多くの生徒は、1年生のときに遊んでしまったり、あるいはぼーっとしているうちに授業がどんどん先に進んでしまった、というケースが多いのだ。

とりわけ高校数学の場合、最も重要な部分は高校1年の1学期で習う数学Iと数学Aに集中していると言っても過言ではない。ここで集中して授業を聞くか、受験勉強の反動でぼーっとして聞くかが分かれ道だといえる。高校での授業の進み方が思った以上に早く、ぼーっとしているうちに成績ががた落ちする学生がかなり多い。

また定期試験などで点数が悪くても、気落ちしてはいけない。試験の後で間違えた部分をしっかり見なおしておけば、後に必ず理解できるときがくる。数学の場合、ここさえ切りぬければあとは大したことはない。

②中学までの勉強方法では必ず失敗すると心得る

調査書重視の高校受験とは違い、大学受験（というより社会において）は実力のみがすべての世界である。定期試験で点数を取るためだけの勉強は「百害あって一利なし」と心得よう。ふだんから実力をつけるように勉強しておけば、定期試験でもじゅうぶんよい結果が得られるはずだ。

具体的には、定期試験の前だけ勉強するという生活リズムをやめる。この生活リズムで定期試験の点数だけ取ろうとしても、まったく身についていないどころか、生半可な点数が取れるだけに「自分はわかっている」と思ってしまい、余計に悪い結果を生む。試験前より、むしろ試験後に自分の答案を見て復習をすることのほうが百倍大切だ。

③学校の成績を気にしない

定期試験の成績で一喜一憂することは意味がないことをはっきりと意識しておこう。少し成績が悪いくらいでその科目の勉強をやめてしまったりすると、高校の場合、ほとんどの科目をやめることにもなりかねない。

3年校の中でもとくに難関校の生徒の場合、中学校ではずっとクラスで1番や2番というような成績をキープしてきたはずだ。そんな生徒が集まる高校では、みんなが中学のときと同じ成績をとれるわけではない。ここで多くの生徒がショックを受ける。

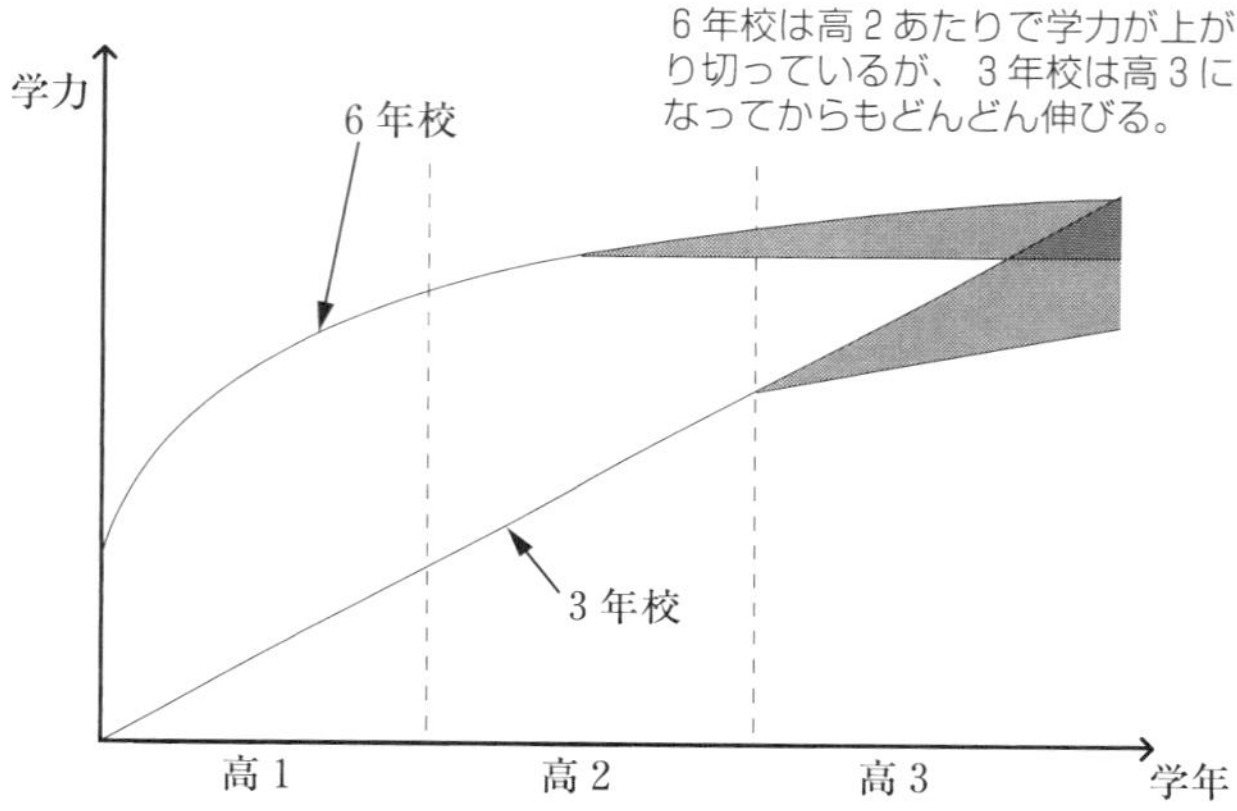
学力
6年校
3年校
高1
高2
高3
学年
6年校は高2あたりで学力が上がり切っているが、3年校は高3になってからもどんどん伸びる。

6年校と3年校での平均的な学力カーブ

そういう時は、「たかが定期試験」という感じでとらえるのがよい。定期試験の点数など、人生においては何ら意味を持たない。ただし「されど定期試験」でもある。定期試験でよい点数が取れなかった時には、それをただ放っておいてはいけない。必ず間違えたところを見なおして、次からはその部分で間違えないように復習する。これが大切だ。

④現役生は試験前日まで伸びる

3年校の高校3年生の場合、大学受験直前まで「まだ習っていない」部分が各科目で残っているものだ。だから大学受験直前まで成績がどんどん伸びることが多い。3年生の夏や秋の段階の模擬試験だけを見て早合点してはいけない。志望校の大学入試問題の過去問などを見て、間に合いそうだと思ったらぎりぎりまでその学校を目指して勉強すれば、意外とすんなり受かってしまうものだ。

3年校の生徒と6年校の生徒の平均的な「学力カーブ」を書いてみると図のようになる。このグラフから考えてもわかるとおり、3年校の学生は最後の最後まであきらめるべきではない。

以上のことを踏まえて着実に勉強していけば、3年校と6年校の履修速度の差なんて大したものではなくなる。ともかく、3年校に進学した場合は、3年間の勉強生活を効率よく送ることが大切だ。

学校の授業にない小論文、面接の対策法

好印象が得点につながる

推薦入試や私大の一部、国公立大学の後期試験の多くは小論文や面接を課している。多くの受験生にとって、小論文や面接がどういうポイントで点数化され合否が決められるかは関心のあるところだろう。

通信添削や予備校の授業にも「小論文対策」や「面接対策」という授業が登場してきているよ

うだが、はたしてそこではどのような指導をしているのだろう？　小論文や面接でよい点を取るコツなんて存在するのだろうか？　ここではそういう疑問に答えていきたい。

まずは、残念ながらというべきか、小論文や面接試験の点数のつけ方に共通のルールは存在しない。各大学、各学校、各年度でまちまちなのだ。もっというならば採点官によっても違う。結局、小論文や面接の採点基準なんて闇の中だ。基準がわからないのに練習をするわけだから、とにかく「いかに相手によい印象を与えるか」というのが目標ということになる。

そのためには、小論文にしても面接にしても「話の構成（組み立て）」が大切だ。構成のよしあしで印象が非常に変わってくる。構成とはすなわち「起承転結」のことだ。まず「起」で話題を提起し、「承」でその話題からさらに展開して、「転」でその話題に疑問を投げかけ、「結」でその話題に結論づける。昔からのワンパターンではあるが、この構成がうまくはまれば、必ず読み手によい印象を与えることができる。

ポイントとしては、いきなり書き始めるのではなく、まず起承転結の4部構成を大雑把に考える。たとえば「地球温暖化問題について述べよ」という問題が出て、「ゴミのリサイクルや車の燃費の低減化を地道に図ることが大切だ」という結論にもっていきたいとしよう。その場合でも次のような起承転結を考える。

起「地球温暖化の原因は二酸化炭素の増加だと言われている」
承「だから物を燃やさなければこれ以上の地球温暖化はふせげるはずだ」
転「しかし現代社会では物をまったく燃やさないことは考えられない」
結「だからゴミのリサイクルや車の燃費の低減化を地道に図ることが大切だ」

これにどんどん肉付けしていく。こうすれば全体の流れが一貫し、文章に一本の芯が通ることになる。

面接でも構成は大切だ。もちろん質問を受けてすぐに起承転結を考えつくわけはないから、こちらの場合、ある程度予想できる質問について簡潔な答えを考えておくのがよい。たとえば「本大学の志望理由は？」「大学に入ってどんな勉強をしたいですか？」「あなたの趣味は何ですか？」などは予想できる質問だ。面接官によい印象を与えるために、それぞれの問いについて簡単な構成を考えておく。

たとえば、「本大学の志望理由は？」という問いに対して「自由な雰囲気にあこがれるからです」とあっさり答えるより、「友人の兄がこちらの大学に通っているのですが、非常にのびのびと自分の興味ある分野の勉強をしているようなので、私もそのような自由な雰囲気の中で勉強したいと思いました」と答えるほうが、面接官はその受験生が進路についてよく考えているという印象を受けるに違いない。

他人より抜きんでるためには

ところで、小論文・面接ともにその採点の方法はどの学校でもほぼ一緒だ。小論文なら採点官全員が全受験生の論文を読み、いくつか用意された各ポイント（たとえば国語力、表現力、内容など）ごとに、５点満点などで点数をつけていく。Ａ先生のＢさんに対する評価は国語力５点、表現力４点、内容４点、などといった具合である。全採点官のＢさんに対する評価をすべて合計することで、Ｂさんの点数が決まる。

これは面接でも一緒で、すべての面接官がポイントごとに採点していって、最後に合計する。スポーツでいうと、体操やシンクロナイズドスイミングの点数のつけ方と同じような感じだ。ひとりの面接官の印象だけで決まるようなことはない。

ただしこのやり方だと、大多数の受験生がほとんど同じ点数に落ち着くことが多い。たとえば１００点満点の小論文の試験では、「よほど構成のむちゃくちゃな文章だったり、内容が支離滅裂だったり誤字脱字がひどかったりしないかぎりは、たいてい60～70点」というわけだ。

ところがそんな中で、構成のしっかりした書き方、答え方は非常に好印象を与える。そういう印象はすべての試験官に共通することが多いため、かなりの好成績がつくことがある。一般にほとんど点差のつかないといわれる小論文や面接だが、構成が簡潔でしっかりしていれば逆転も大いに可能なのだ。

とにかく、かぎられた時間と文字数の中で自分自身を精一杯アピールするためには、ある程度の練習が必要だ。できれば自分ひとりではなく、他人の目を通して見てもらうようにしたほうがよい。小論文なら担任の先生に見てもらえばいいし、面接なら友達に練習してもらう手もある。恥ずかしがっている場合ではない。

小論文も面接も、これから就職活動や仕事などで何度となく経験する大切な技能だ。受験科目に小論文や面接のある人は、将来の自分を磨くつもりで取り組むと得るものも大きいはずだ。

性格別勉強法――自分のタイプを知って弱点克服

世の中にはいろいろなタイプの性格診断法がある。どうしてそこまで自分の性格を知りたいのだろうか。それは本人ですら自分の性格をじゅうぶんに知っているとはかぎらないからだ。そして、自分の性格が正しく把握できると、ふだんの心構えや人間関係に役に立つ。

そこで、ここでは勉強における読者自身の性格をさぐってもらう。これから行う診断法は、筆者が多くの高校生の観察から経験的に見つけ出したものである。もちろん、すべての人が単純に分類できるわけではないが、下手な血液型よりよっぽど参考になる。今後の受験勉強に役立ててほしい。

まずは、自分自身の性格が次の5つのタイプのどれにあてはまるか考えてほしい。

1型（状況重視型）：状況にしたがって行動する。
2型（結果重視型）：結果を求めて行動する。
3型（常識重視型）：常識にしたがって行動する。
4型（理想重視型）：理想を求めて行動する。
5型（感覚重視型）：自分の感覚にしたがって行動する。

このタイプ分けは2つ以上選んでも構わない。だから「自分は3型と5型が半々だ」ということもある。まずは自分でどの型に属しているのか考えてみよう。「いつも常識にしたがって行動してるなぁ」とか、そういう感じで適当に選べばよい。これをみなさんの「意識型」と呼ぶことにする。

次に読者のみなさんのもうひとつの型、「深層型」を調べてみる。テストは簡単だ。「あなたにはどういう兄弟（姉妹）がいるか」ということで判断する。兄弟は年上、年下、同性か異性か、ということで分類する。

	同性の兄弟がいる	異性の兄弟がいる	兄弟がいない
年下の	1型	3型	5型
年上の	2型	4型	

たとえば「自分は女性で兄と妹がいる」というのであれば、「深層型は1型と4型の要素を持ち合わせている」ということになる。この例のように、複数兄弟がいる場合には複数の型を持つことになるが、2つの型が平等に混ざっているわけではなくて、たいていどちらかの型が突出している。また、場合によっては兄弟同然に育った友人や両親などの影響で、右の型に簡単に当てはまらない人もいるだろう。

ともかく、勉強の世界においては兄弟との幼い頃からの関わり方が重要だということだ。母親が子供を見るときも、「お兄ちゃんはのんびりタイプ」というような言い方をするし、若い女性も「理想の男性は次男タイプ」などという表現をすることがある。その考え方はあながち間違ってはいない。

また「意識型と深層型が一致しているかしていないか」でもわかることがある。意識型と深層型の食い違いが大きければ大きいほど、無理をしていることが多い。言いかえると、それだけ大人だということでもある。

だから「自分はこのタイプに属している」というより、あくまで「自分はこのタイプの要素を持ち合わせている」というように解釈する。意識型と深層型が一致していればそれが自分の型と考え、そうでない場合はそれぞれ「意識している型」「心の底の型」という感じで考える。

では、各タイプ別に詳しく見ていこう。

1型——数学に強い、状況重視型

このタイプは状況に応じて的確な判断を下すことができる。すなわち、状況に応じて複雑な場合分けが必要な数学などで力を発揮するタイプだといえる。

同性の年下の兄弟と一緒に行動するとき、あなたはすべての決定権を握っている。そのため幼い頃から自分ひとりで正しい判断を下す訓練をしている。責任感が強いことも多い。叱られることは好きではないので、決められたことは必ず守る。したがって学力もつく。もちろん学校の成績もけっこうよい。

ただし、監視の目がなくなるとたんに気を抜いてしまう。入学試験などでも、自分を過信するあまりなかなか実力を発揮できない一面もある。その点さえ気をつければ、着実にやっていけるだろう。

2型――本番に強い、結果重視型

このタイプはここ一番でふだん以上の力を発揮できるタイプだ。すなわち、社会で最も出世しやすいタイプだといえる。

同性の年上の兄弟が一緒にいたら、その行動を観察することができる。つねに自分の自由があまり言えないため、権力欲が強い。ふてぶてしい一面がある一方で人なつこい面もあり、人間くさい感じがする。ふだんは勉強していなくても、本番さえうまくいけばいいという感じで、力を発揮する。

一途な部分があるために好きなことはとことん追求するが、逆に興味のないことにはまったく見向きもしない。勉強に興味がある場合は問題がないが、勉強が嫌いな場合はかなり面倒であろう。

3型――国語に強い、常識重視型

このタイプは世の中のルールや常識をよく理解するタイプだ。曲がったことが嫌いで、情にも厚い。

異性の年下の兄弟がいるため、一緒に行動していてもつねに兄弟を守るように気持ちが向かう。そのため自分のしたいことも犠牲にすることすらある。そういう経験を通じて、社会や家族というものに興味が深くなっていく。言葉の奥深い意味を理解し、文章の読解も常識的に正しく行うことができる。1型と同じく学校の成績はけっこうよいはず。

ただし、どちらかというと未体験の分野でなかなか力を発揮できない傾向がある。できるかぎり多くの問題にあたって、余裕で本番に臨むようにするといいだろう。

4型――テクニックにたけている、理想重視型

このタイプはつねに自分の理想を持っていて、その理想に一歩でも近づけるように着実に行動できるタイプだ。うまく人生を渡っていくことができる。

異性の年上の兄弟に守ってもらいながら、つねに自分の出番を待っている。頭をクリアにして考えるので、本質を見失うことなく物事を考えることができる。入学試験本番でもちゃっかり合格していたりする。

ただし無理をすることが少ないぶん、勉強でも理解の程度が表面的なことも多く、定期試験では点数は取れるが、入試問題などで少しひねられるとお手あげということもある。とくに理系科目では深い理解も大切なことは忘れないように心がける必要がある。

5型――理科に強い、感覚重視型

このタイプは色メガネをかけずに、感じ取ったままの事実を表現することにたけている。そのた

め観察と考察が大切な理科で力を発揮するタイプだ。

ひとりで行動することが多く、自分の思ったとおりに物事を見て考える。兄弟との会話など、余計なことを考えなくていいぶん、素直に見たことを受け取りそれを表現することができる。理科に必要な観察と記録の素質が備わっているということだ。また、自分の興味を持った対象を観察し、自由に実験することで、科学そのものに興味を持つための感受性も養われる。

ただし、このタイプは絵や感覚で表現する「芸術」には才能を発揮することが多い一方、文章で表現することが苦手なことも多いので、できるかぎり文章をたくさん書く練習をするとよい。

というわけで5つのタイプをあげてみたが、指摘されてみると意外と「たしかにそんな面もあるかも……」というふうに感じたのではないだろうか？　当たってるなあと思ったら、ぜひアドバイスを参考にして自分を見つめ直してほしい。

第5章 受験勉強のコツ

受験テクニックとは何か?

「受験テクニック」というと、あまりよいイメージでは受け取られていない。

この言葉が出てくるのは、たいてい次のような悪口を言うときだろう。「最近の小学生は外で遊ばず塾に行って受験のテクニックばかり覚えている」

しかし、そもそも本当に「受験テクニック」などというものは存在するのか。存在するとすれば、それを覚えることは人生にとって役に立つのか。そして「受験テクニック」は学問として成り立つのか。みなさんはこれらの質問に答えられるだろうか。

まず、受験テクニックは存在するか、という問いだが、答えはイエス。受験テクニックは存在する。ただしそれはそんなに高尚なものではない。

たとえばある大学の数学の試験で5問出題されたとする。このとき1問目が難しくて解けなかったら、たいていはそれを飛ばして2問目に進むし、2問目も難しかったら3問目に進む。それが「受験テクニック」だ。すなわち、よく言えば受験テクニックとは「常識」のことであり、悪く言えば「ずるがしこさ」のことでもある。

このような数学の試験の場合、実際には「試験開始直後にまずは5問とも目を通して、解けそうな問題から解きなさい」と教える。これがより高等な受験テクニックだ。さらに「試験開始直後に5問とも目を通して、それぞれ何分ずつかかりそうか目安を立て、より少ない時間でよりたくさんの点を取れそうな問題から解きなさい」と、もっと高等な受験テクニックも教えられないことはない。

そうやって考えると、受験テクニックを覚えることが人生にとって役に立つのだろうか、という次の疑問がわきでてくる。答えはイエス。受験テクニックは人生で多いに役に立つ。

数学教師をしているとわかるが、ここに書いたような受験テクニックにたけている生徒は、複数の作業を並行して処理する能力に優れている。

調理実習にたとえてみよう。数学の試験を1番から順番に解いていく生徒は、味噌汁を作るときに具を切ってから鍋に水を入れて火をつけるが、5問とも目を通し、できそうな問題から手をつける生徒は、先に鍋に水を入れて火をつけ、沸騰するまでの時間を使って具を切る。

「味噌汁作るときに、具を切ってから鍋に水入れるやつなんかアホや。先に鍋で湯を沸かすのは常識やん」と誰でも思うだろう。そう、鍋の水が沸騰する間に具を切るのが常識だとすれば、受験テクニックとは常識にほかならないのだ。そういう意味では、受験テクニックは人生で役に立つどころか、「知らなかったら損をする」というレベルのものだ。

でも「受験テクニック」は学問の本質からははずれるから、そういうものは知らなくてもいいのではないか、という第3の疑問にお答えしよう。受験テクニックはりっぱに学問として成立する。「テクニック」というぐらいだから工学（technique）だ。情報工学の分野ではこういう受験テクニックは学問としてじゅうぶん成立する。

どういうことかというと、情報工学の世界では、複数の処理を同時に行わせてもっとも早く答えを見つけたり、時間内にもっとも多い点数を取ったり、より少ない努力でより多くの点数を取ったり、ということが重要な問題なのだ。すなわち、受験テクニックはそれ自体、非常に学問的に興味深いものだといえる。

こういう情報工学がなければ、銀行のキャッシュコーナーでお金が出てくるまで3分も4分も待たされるかもしれないし、ケーブルテレビも衛星放送も、画像を送るのにモタモタしてしまって全然使い物にならないに違いない。こういった現代社会の発明のほとんどに、受験テクニックが使われているとさえ言ってよいのだ。

結局、最初に書いたような受験テクニックに対する悪口は、受験テクニックというものをよくわかっていない人の発言だ。それは今や現代社会にとってなくてはならない常識なのだ。そういうわけで、読者のみなさんはぜひ受験テクニックを軽視せずに、うまく試験を受けるように心がけてほしい。

気がメゲそうなものは見ない——気持ちの自己管理も大切

たとえば模擬試験を受験すると、採点結果が送り返されてくる。純粋に点数、偏差値、順位、志望校判定など自分のデータだけならいいが、同封されている冊子にずらっと成績優秀者の名前が載っているのを見ると、気がメゲたりしないだろうか。あるいは受験雑誌に難しい応募問題が載っていて、それに正解した人の学校名、学年、氏名がずらっと並んでいるのを見て、目がクラクラしないだろうか。

その気持ちはよくわかる。もちろんそこに自分の名前が載っていれば嬉しいものだが、そうでないときは逆になんとなく嫌な気持ちになるものだ。とくに模擬試験の場合は、何ページにもわたり小さな字で成績優秀者が載っている。「自分はこの大勢の中にすら入れなかった」という気持ちを抱くのはみなさんだけではない。

そこで、気がメゲそうなものは見ないようにする。自分の気持ちは自分でコントロールすることも大切だ。

模擬試験や受験雑誌の応募問題も一例だが、他にも、選抜試験があるような予備校の「超難関ハイレベルクラス」のクラス名簿とか、通信添削の「今月の成績優秀者」欄など見ると、どことなく気がメゲたりすることはよくあることだ。そういうものはなるたけ見ない。

もちろん、定期試験などの成績優秀者を知っておくことはそれなりに意味がある。勉強のできるクラスメートを認識することで、勉強の仕方や内容そのものを本人に聞くことができるし、ふだんから観察することで何か勉強のヒントを発見することができる。しかし、模擬試験の成績優秀者ともなると顔も知らない人ばかりだ。こんな情報はほとんど意味がないだけでなく、気が滅入るぶん見ないほうがましだ。

そもそも受験勉強とは、自分の頭の中に世界を作り上げていくことだ。数学にしろ理科にしろ英語にしろ、問題集を解いたりすることで自分の頭の中にどんどんその世界を広げていく。そうやって作り上げた頭の中の世界が正しくできあがっているかどうかを確認し、間違っている部分を修正するのが、模擬試験や通信添削、あるいは予備校の授業だと思えばよい。

そんなとき、成績優秀者一覧など見ても意味がないのだ。極論すると、あの手の成績優秀者一覧は「宣伝」だと思えばよい。「あなたの学校のあの成績優秀な○○君は、この模擬試験を受験することで成績が上がっているんですよ」というメッセージが込められている。

受験勉強なんて長丁場なのだから、楽しくなければ続かない。自分が努力した結果が出るのは入学試験だけなのだから、それ以外の雑音はいっさい聞かない、というくらいのほうがよい結果が出る。自分で自分の気持ちをコントロールすることも、受験勉強では大切なことだといえる。

効果的な暗記の方法

理科、社会の2科目はよく「暗記科目」と呼ばれる。暗記量が多いということは、とりあえず努力をすれば誰でも点が取れるということだが、できれば短時間で効率よく覚えてしまいたい。

ここではいくつかの効率的な暗記手法を紹介する。勉強のスタイルには人によって向き不向きがあるから、自分に合った手法を早いうちに確立しておこう。

隠して覚えるのは効率的だけど……

暗記をする際には、ノートや教科書に書かれた「覚えたい部分」（用語や図、数字など）を隠すことが必要だ。その隠れている部分を、前後から判断してどんどん言い当てることができるようになればよい。そのためある生徒は、定期試験前になるといつも教科書やノートの上にトレーシングペーパーなどの下が透けて見える紙を貼り、必要な部分を上から黒ペンで消して覚えていた。これは昔から多くの人がやっていた暗記手法だ。

これだと教科書やノートはきれいなままで、しかも答えは上に貼った紙をぺらっとめくるだけでわかる。彼は暗記科目ではつねにかなりの高得点をマークしていた。少し準備に手のかかる方法ではあるが、結果的には効率がよい。

暗記用のペンとシートのセットも売られている。暗記したい部分を赤紫のペンで塗り、上から濃緑色の透明シートをかぶせて覚えていく、というものだ（逆の色の取り合わせもある）。赤紫ペンの色を消すことができるというペンもあって、覚えた後は元通り、ということらしい。

ただし、実際にこれを使ってみると、教科書はかなりサイケデリックな様相を呈する。そもそも赤紫や濃い緑というのはあまり気持ちのよい色ではない。教科書を覚えれば覚えるほど、そのページは汚くなる。紙の質によっては裏ページにインクがにじんでしまって、教科書が使い物にならなくなってしまうことすらある。

しかも覚えた部分を例の専用消去ペンで消したとしても少し跡が残る。さらにそのページをもう一度覚えようとしても、いったん消去用ペンを使ったページでは、再び暗記用のペンを使うことができないのだ。

コピーを活用する

そこでとっておきの方法をひとつ紹介しよう。とは言っても単純なことで、要はコピー機を使うのだ。最近はコンビニなどで、簡単にノートやプリントのコピーができる。暗記したい教科書やノートのコピーを取り、それを使えばよい。

コピーなら後からきれいな状態に復活させることを考える必要もない。さきほどの暗記用のペンでもいいし、黒マジックなどで消して覚えてもよい。裏面に何も書いていないので、少しぐらいインクがにじんでも気にしなくていい。消した部分の答えはコピーする前の本物があるわけだから、ちょっとした自分専用の問題集を作るような感覚である。

「でも、教科書を1冊まるまる暗記したいときはどうすればいいの？　全ページのコピーは面倒なんだけど」という読者の声も聞こえてきそうだが、じつはそれにもよい方法がある。同じ教科書をもう1冊手に入れて、それを暗記専用にしてしまうのだ。文部省の検定教科書は専門の書店に行けば買うことができる。

暗記専用の1冊はチェックペンでベタベタに塗りまくってもよいし、黒サインペンで消しまくってもよい。もう一方の教科書さえきれいに使っておけばよいわけだ。ただしこの場合は裏ページにも情報があるので、裏まで汚くなるようなペンの使用は避けたほうがいい。

インパクトがあれば忘れない

さて、苦手科目の勉強法の項でも詳しく述べるが、暗記は文字でやるより、イメージや語呂合わせでやるほうが数段効率がいい。したがって「何を覚えるか」ということも重要なテーマになってくる。たとえば世界史の場合、教科書を覚えるのも大切だが、年表や図録、歴史地図帳を覚えることが意外と効果を期待できる。もちろん生物の図録や国語の便覧なども非常に有効だ。

こうしたものには、それこそ先ほどのコピー作戦が功を奏するし、ある程度頭の中にイメージを焼きつけたら、本がなくても頭の中で思い出したりして勉強することができる。では、年号や外国人の名前など、イメージがないものはどういうふうに覚えたらよいだろう？

ポイントは、できるかぎりリズムをつけて覚えることだ。語呂合わせや歌にしてみるのだが、先人が作った有名なものも多い。たとえば古文では、大鏡、今鏡、水鏡、増鏡の四鏡を「大今水《だいこんみず》増《まし》」と覚えたり、化学の元素記号を原子番号順に「水兵リーベ、僕の船（H、He、Li、Be、B、C、N、O、F、Ne）……」などと覚えるやり方だ。どうしても覚えられないものは、自分でこういうのを作るとよい。意外と忘れないものだ。

もっと強烈な例としては、自分でメロディーをつけて歌を作ってしまうという手もある。かなり手はかかるが、いったん覚えたらなかなか忘れない。高校時代に「祇園精舎の鐘の声、諸行無常の響あり……」にメロディーをつけ、楽器演奏とともにカセットに録音して覚えていたという筆者の友人もいて、これはかなりのインパクトがあった。

楽しく暗記をする工夫として、友人と問題を出し合う方法がある。これがけっこう楽しいだけでなく効果が大きい。たとえば「この教科書の○ページから×ページの間でなんか問題出して」と友人に頼んで、問題に口頭で答えるのだ。

じつはこの「問題を出し合う」ことで、問題を出してもらっている側だけでなく、問題を出している側もかなり勉強になっていることが多い。単に暗記するのと違い、相手に答えにくい問題を出すことが、出題者の心理を知ることにもなるのだ。端的に言うと、出題者の側からみた「出題しやすいポイント」が自ずと見えてくるということでもある。

具体的に言うと、似ているが違うもの、図や表や大切な数字、およびそれを使った計算、時間経過にしたがった順序、などだ。こういうものを着実に覚えていくことで、暗記科目はかなり効率よく覚えることができる。

最後に「暗記科目は試験が終わったら全部忘れてしまうので勉強する意味がない」と思ってい

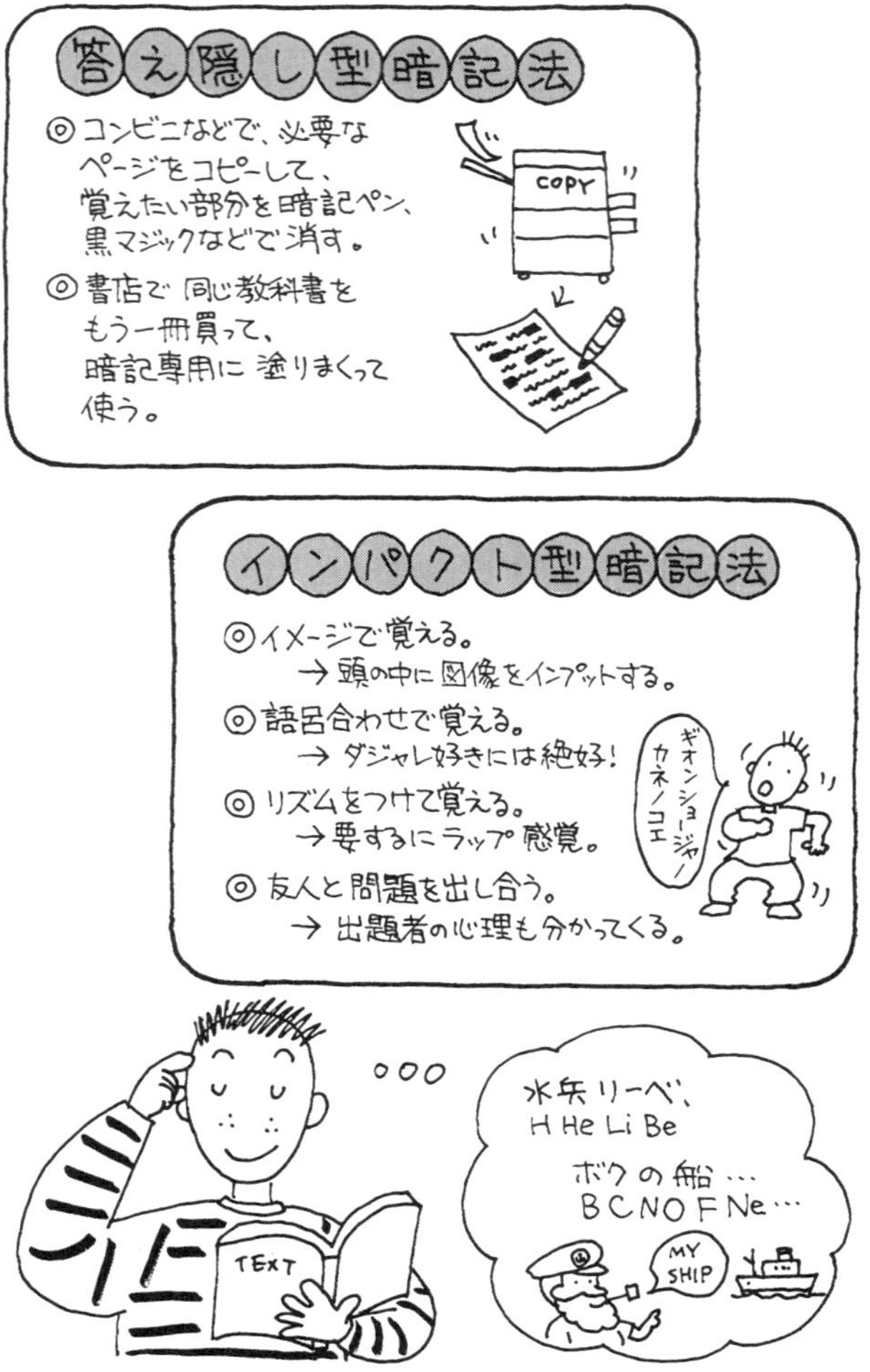
答え隠し型暗記法
◎コンビニなどで、必要な
ページをコピーして、
覚えたい部分を暗記ペン、
黒マジックなどで消す。
◎書店で 同じ教科書を
もう一冊買って、
暗記専用に 塗りまくって
使う。
COPY
インパクト型暗記法
◎イメージで覚える。
→頭の中に図像をインプットする。
◎語呂合わせで覚える。
→ダジャレ好きには絶好！
◎リズムをつけて覚える。
→要するにラップ感覚。
◎友人と問題を出し合う。
→出題者の心理も分かってくる。
ギオンショージャノ
カネノコエ
TEXT
水兵リーベ、
H He Li Be
ボクの船…
B C N O F Ne…
MY SHIP

効果的な記憶法とは？

る生徒に、次のことを伝えておきたい。たしかに忘れてしまうものも多いだろう。しかし将来、たとえばニュースや博物館などで、ひょんなことから学生時代に一度覚えた用語と出くわすことがある。そういうときは、その用語を取り巻く状況や雰囲気が一瞬で思い出せる。それが「教養」というものだ。

すなわち暗記科目は、ちゃんとポイントを押さえて覚えれば、強力な教養を身につけているのと同じことである。暗記科目を覚える努力なんて受験勉強時代ぐらいしかしないことだけに、社会人になってからの教養の多くは、この時期の暗記量にかかっていると言ってもよい。教養ある大人をめざすなら暗記を馬鹿にしてはいけない。

出遅れた科目の取り返し方

数学や英語など、ぼーっとしているうちにクラスのみんなが先に進んでしまい、授業が全然わからなくなった、なんていうときがある。

たとえばハイキングで山道を歩いているときに靴の紐がほどけてしまい、結び直すとしよう。ほんの少し足を止めただけでも、他のメンバーはけっこう先に進んでしまっているものだ。みんなに追いつくためには、少し早足で歩くなり、頑張って走るなりしないといけない。

学校の勉強も同じで、みんなから遅れてしまったら、追いつくためにはやはり走るしかしようがないわけで、1年生で休んだ生徒が1年生の部分を走らずに2年生の数学に追いつくことはできないのだ。

そんなわけで、もしも1年生の1学期の部分でつまずいてしまったら、その部分を速いスピードで復習してくれる塾に行くなどしなければならない。だが、現実的にはどこの予備校や塾でも、このように「2年生の段階で1年生の復習をするようなクラス」があまりない。これは、高校2年生で1年の復習をしてほしいという需要が多くないということの裏返しでもある。

生徒の立場からすると、「高校2年生で1年の復習をするようなことをしていたら同級生に追いつかない」という焦りと、「そんな恥ずかしい授業には出席したくない」という気持ちがあるのだろう。しかし、2年生で追いついておかないと、この先もっと離されてしまうのがオチだ。追いつくのが遅ければ遅いほど、回復が大変になる。とくに数学や英語などの「知識の積み重ね科目」は気をつけたほうがよい。

追いつくのに最適な期間は、夏休み、冬休み、春休みなどの長期休暇中だ。この間なら、みんなが止まっているので、走ったぶんだけ追いつくことができる。予備校の講習などを利用してもいいし、自分で問題集を解いていってもよい。場合によってはみんなを追い越してしまうこともあるだろう。それはそれでよい。

みんなに追いつくための勉強としては、とりあえず主要なパターンだけ一通り押さえるのがよい。そのためには、参考書などで主要な問題に＊印がついているものがお奨めだ。＊印の問題だけやれば短い時間でその分野をとりあえずは網羅できる。1日5問ずつ程度でもじゅうぶん追いつくが、休暇中ならもう少し時間をかけ、1日10問ずつぐらいを地道に解いていくとよい。

自分でペースをキープする自信がないなら、家庭教師や個人授業、個別指導の塾、あるいは予備校の夏季講習のようなテーマ別の講座などがお奨めだ。これなら自分のつまずいている部分まで戻って勉強しなおすことができる。

逆に人数の多い授業だと、最大公約数的な授業をせざるをえない。だから学校の授業での出遅れを取り戻すのなら、クラスの人数が多い塾や予備校の授業はあまり適していない。

ちなみに、靴の紐を結んでいるうちにみんなが先に行ってしまうと、「自分は自分のペースで歩こう」などと開き直ってしまう生徒も多いようだが、たいていこれは最悪の道をたどる。授業中さっぱりわからないままで試験でも点が取れず、結局授業がつまらなくなる、ということになる。できるかぎりそういう状況にならないように、もし出遅れてしまったらできるだけ早く追いついておくべきだ。

マーク式試験で高得点を取る方法

大学入試センター試験の前身である共通1次試験が始まってからもう20年以上がたつが、この間多くの大学でマーク式の入学試験を採用するようになった。今や大学入試を受験するのに、センター試験を含めてマーク式試験がいっさい必要ない生徒はかなり少ないだろう。

しかしこのマーク式試験はけっこうクセモノだ。マーク式の試験は、基本的に複数の選択肢からひとつの正答を選び出す形式がほとんどなので、答えを思い出せなくても、あてずっぽうでマークすることができるという「気軽さ」があるし、適当に解答しても20点ぐらいは取れてしまうという「安心感」がある。受験生としては、いい加減な試験勉強をしてしまいがちになる。

とくに数学の場合、この「気軽さ」と「安心感」が命取りだ。なぜなら数学のマーク式試験の場合、あくまで計算結果のみが点数を分けるからだ。計算が違っていても部分点がもらえる記述式のほうが、よっぽど安心して試験に臨めるはずなのに、秋にもなると「数学はセンター試験しかないから、あまり勉強しなくていいんです」というようなとんでもない言葉が生徒たちの口から出てくることになる。

数学以外の科目でも、センター試験の問題は選択肢がよくできていて、少し勉強したら5つの選択肢のうち2つぐらいまでは絞ることができるように作ってある。しかしここでさらによく考えて、2つのうちの一方を確信を持って選ぶことができるようになるためには、それなりの努力が必要だ。

受験生側は、5つの選択肢から2つに絞れた段階で「この問題は解けた」と思ってしまう。このレベルに達するのはそんなに難しいことではない。つまり、100点満点で40点を60点にするのは簡単だが、60点を80点にするのがとても難しいということだ。

ご存知のとおり、国公立大学に入ろうと思ったらセンター試験の得点率60%ではかなり厳しいのに、80%の得点率ならかなりの大学に高い確率で合格することができる。センター試験で「5つの選択肢のうち2つまでしか絞れない」ことは、極論するならば国公立大学には行けない、ということでもあるのだ。

だから、センター試験や私大のマーク式試験では、最初に書いたような「気軽さ」や「安心感」は邪魔でしかない。そういう意味で、マーク式試験対策ばかりやるのはよくないのだ。

とくに計算問題の多い理系科目の場合、なおさらである。やり方が合っていても計算が間違っていたら点がないわけだから、見直し作業が勝負を分けるということになる。余白にちょこちょこと計算して、適当にマークしているようでは、見直し作業が効率よくできない。マーク式の試験でも、わかりやすく答案を書くことが重要である。

結局、マーク式の対策ばかりやっている学生が60点ぐらいの点数を取ってしまうのに対し、対策を全然やらずに2次試験対策ばかりやっていた生徒が満点近い点数を取る、という光景を毎年見ることになる。夏休みまでちゃんと勉強していたのに、秋ぐらいから「センター試験対策」と称して気軽にマークするクセを自分でつけてしまい、悪い結果を出してしまう生徒も多い。

とにかく、センター試験や私大のマーク試験でよい点を取るコツは、試験本番の1ヵ月くらい前まではマーク式問題は必要最小限に押さえて、地道に記述式の問題を解きつづけることだ。どうしてもマーク式試験対策をしないことが心配なら、年に何度か行われる模擬試験を受験する程度でじゅうぶんだろう。「マーク式の試験しかないので、記述式の勉強はしない」というのは大きな間違いであることを認識するべきだ。

それは突然やってくる、スランプの対処法

生徒たちを見ていると、模擬試験の成績が回を追うごとにだんだん下がってくることがある。本人に「この間の模擬試験の成績見せてもらったけど、あまりよくなかったみたいやね」と聞くと、「最近スランプなんですよ」というような返事が返ってくる。受験生にとってスランプとは何だろう？　どういうときにスランプに陥るのだろう？　そしてその対策は？

どうしてスランプに陥るのか

まず重要な事実を知ってもらわなければならない。それは勉強が軌道に乗っている時と成績がよい時の関係だ。

　仮にある生徒がいて、それまでは学校以外では勉強したことがなかったとしよう。この生徒が毎日2時間ずつ家庭で勉強しだした時、本当の学力と試験の成績はどのように変化するだろうか。もちろんこのような実験を厳密に行ったわけではないが、今から書くことは高校生ならきっと経験的に理解できるはずだ。

　当然のことだが、勉強を始めたら急に成績が上がるわけではない。最初の1～2週間は学力がつきつつあるが、成績にはほとんど反映されない。成績が上がり出すのは、勉強を始めてから2週間ほどたってからである。そして1ヵ月もすると成績がどんどん上がり出す。

　逆にこの生徒が、急に毎日勉強をすることをやめたとしよう。やめた直後からどんどん学力は下がってくるが、勉強をやめて1～2週間はピークの頃の成績をほぼ持続できるものだ。しかし3週間ぐらい何もしないでいると、さすがに成績はがくっと下がり出す。

　すなわち、勉強がペースに乗っている期間はどんどん学力がつくが、その学力のカーブと成績のカーブには、だいたい2～3週間のズレがあるのだ。考えたら当たり前のことだが、猛勉強し出したらすぐに成績が上がったり、勉強をやめたらすぐに成績が下がるわけではない。

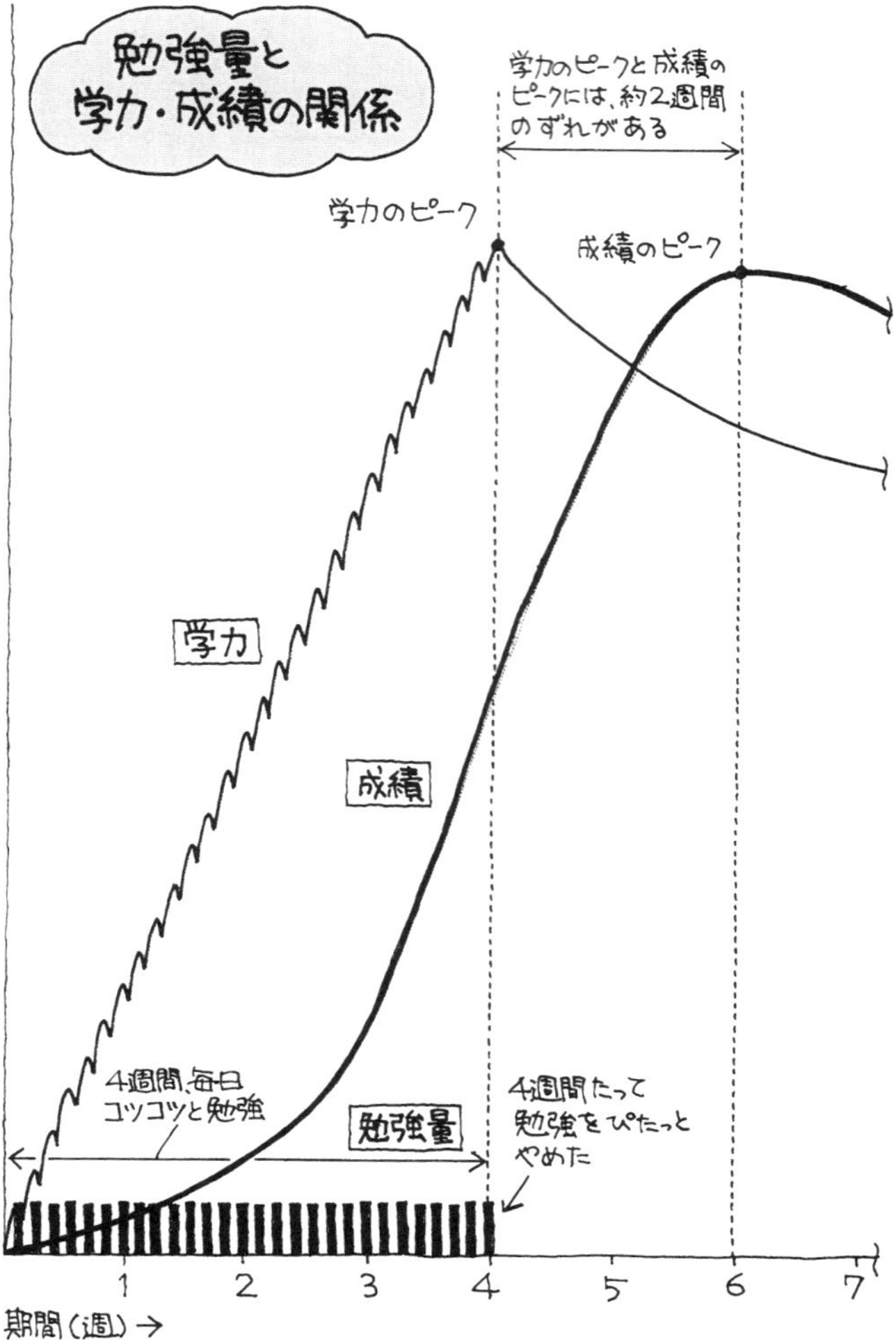
勉強量と
学力・成績の関係
学力のピークと成績の
ピークには、約2週間
のずれがある
学力のピーク
成績のピーク
学力
成績
4週間、毎日
コツコツと勉強
勉強量
4週間たって
勉強をぴたっと
やめた
1
2
3
4
5
6
7
期間（週）→

パターン別スランプの乗り切り方

このことをふまえて、スランプとは何なのかを考えてみよう。成績が落ちてきたということは、学力はあっても心理的な問題で気持ちが試験に向かっていないか、学力が本当に落ちてきているか、のどちらかだ。まず、自分の場合はどちらかを見極める必要がある。

心理的な問題で気持ちが試験に向かっていないときは、だいたい自分でもわかるものだ。たとえば、何か気になる事件がまわりで起こったときなどはそれが原因だろうし、そういう具体的なものでなくても、秋になって涼しい風が吹くと物悲しくセンチメンタルな気分になってしまうことだってある。そういう原因ならばあまり気にしなくていいだろう。「気を強く持ってください」としか言えない。

そうじゃない場合、たいてい2週間前や3週間前を思い出してみればよい。そのころは本当にちゃんと勉強していただろうか。何かのはずみで勉強を何日かサボってしまったとか、そういう思い当たる事件があるのなら、最初に書いたとおり原因はわかっている。もう一度、毎日の勉強を軌道に乗せるようにする。

では、そういう原因がまったく思い当たらないときは？　それはたいてい勉強の仕方がよくない。このケースが一番問題だ。「これまで成績は悪くなかったじゃないか」という気持ちが働くので、自分の勉強の方法を変えることをためらってしまうかもしれないが、こういうときは少し

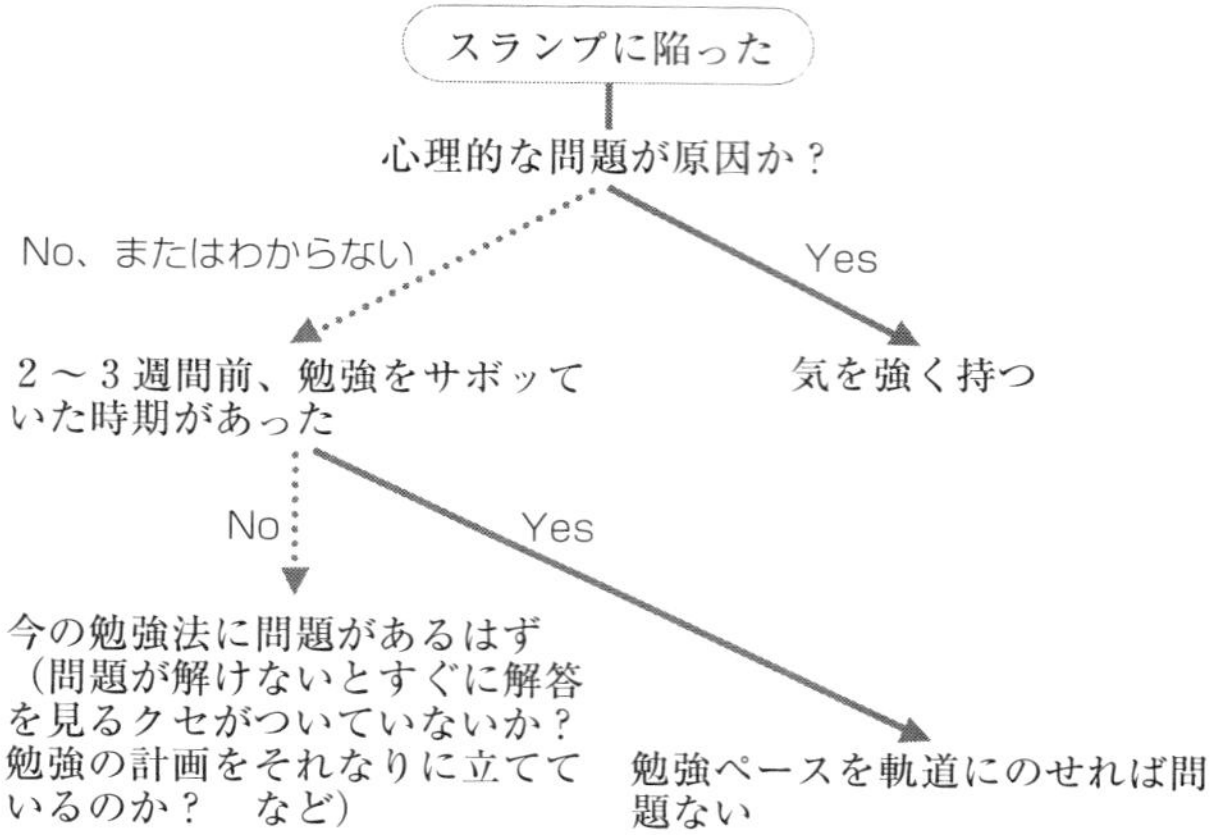
スランプに陥った
心理的な問題が原因か？
No、またはわからない
Yes
2～3週間前、勉強をサボッていた時期があった
気を強く持つ
No
Yes
今の勉強法に問題があるはず（問題が解けないとすぐに解答を見るクセがついていないか？　勉強の計画をそれなりに立てているのか？　など）
勉強ペースを軌道にのせれば問題ない

スランプ診断フローチャート

でも早く勉強法の悪い点をはっきりとさせ、それを改善すべきだ。

この場合、問題点は「勉強の手法が緻密でないこと」であることが多い。すなわち、問題集の問題が解けなかったらすぐに答えを見てしまうクセがついていたり、いつも計画を立てないまま勉強するため、勉強しているところとしていないところにムラがあったり、そういう改善すべき点がきっとある。

1回や2回の模擬試験では何とも言えないだろうが、「夏休みまでは成績がよかったのに、2学期になってどうも成績がふるわない」というようなときは、ここに書いたことを疑ってみるべきだ。スランプには必ず理由があるのだ。そして、スランプをきっかけに自分の勉強法を見直すことで、より効果的な勉強ができるようになれば、それに

越したことはない。スランプ様々と思って前向きに考えるのがなにより大事だ。

浪人することの価値

不幸にして志望校に合格できなかった人の多くは予備校に通うことになるが、仮に1年間浪人するとして、その1年間はどういう意味を持つのだろう？

まず、浪人生はその強みを理解しておくべきだ。もちろん浪人生は現役生にくらべて1年以上長く勉強しているので、受験という点では学力的に少し有利になるし経験もある。だから大学に合格する確率も少しは高いに違いない。

しかし、浪人1年間の意義というのはそんなくだらないことだけではない。現役生と浪人生の最も大きい違いは、大学受験に失敗したという悔しさを知っているかどうかということだ。その悔しさを一生忘れないためにも、この時期を真面目に乗り切ることが大切だ。

そのためにはまず、浪人が決定した3月、4月にとにかく猛勉強する。浪人生にとって最も悔しい時期だ。多くの友人が大学生としての新たな生活を始める中、自分は受験勉強に没頭する生活を始めるわけだから、悔しくて当然だろう。この気持ちを利用して思いっきり勉強する。3月末からの猛勉強ダッシュは、新しい人生の始まりと言っても過言ではない。

大学入試というのは、極論をすると高校3年生を「現役組」と「浪人組」の2つに分ける試験だといえる。以降、この2つの組は社会に出てからも目に見えない競争を繰り広げていくのだ。「現役組」にはそんな意識はないだろうが、「浪人組」にはその意識が強い。

そう考えると、浪人をする目的は単に大学入試に合格することではない。大学合格だけが目的ならば、明らかに「浪人組」の負けなのだ。だから浪人をしたなら、志望校に優秀な成績で合格することはもちろんのこと、それ以外の何かに自分の生きがいを見つけることが非常に大切だといえるだろう。

浪人時代に見つけ出したものが、そのままライフワークになっている人もかなり多い。たとえば浪人時代に詩を書きつづけてそのまま詩人になった人は、「ああ、浪人をしていなかったら、今ごろは詩とも出会えずにふつうのサラリーマンだったんだろうなぁ」と思うことになる。こんな人は「浪人をして本当によかった」といえるだろう。

そういう意味で、浪人が決定した直後の3月の勉強は、受験勉強のみならずその後の人生の出発点だとさえいえる。この時期に思いっきり勉強する。そのことで、浪人時代の1年間の勉強のペースをつかみ、時間を有効に使うことで受験勉強以外のことにも没頭できるのだ。

ともかく浪人をしたときに大切なことは、後に人生を振り返ったときに「浪人をして本当によかった」と思えるような1年間を過ごすことだ。そのためには、単に予備校に通って勉強するだけではもったいない。浪人時代が自分の人生にとってかけがえのない時代であるように、その1年間は受験勉強＋αに没頭すべきだ。

現役で大学に行った学生には経験することのできない重要な1年間にするよう、浪人時代にこそ全力を尽くそう。「転んでもただでは起きない」ような生活を目指すことだ。

第6章 受験大学、受験学部を決めるポイント

志望学部を決めるときに考えておきたいこと

理系の志望は安易に決めると後悔する

理系志望者にとって、どの分野に進むかを決めることは、人生を決めることにもつながりかねない。文系よりもかなりシビアな問題だ。

にもかかわらず「何学部に進学したらよいかわからない」と悩んでいる高校生は多い。そりゃそうだろう。カタログショッピングでシャツを買う場合だって、商品の紹介記事を見ただけでは

なかなか実感がわかない。実際に商品が届いてはじめて「なるほど実物はこんな感じだったのか」ということになる。シャツの場合なら、たとえ失敗しても「次から別のにしたらええわ」と言って笑ってごまかせるが、大学進学の場合はそうもいかない。

すなわち、大学進学の際にはほとんどの人が冒険をしているのだ。たとえば「心理学は文系の学問だし数学もほとんど使わないに違いない」と思って大学に入学してみると、理系と同じくらい数学がなければやっていけないことに気づく。そんなことはしょっちゅうあるのだ。うまくいけば予想以上に楽しい学問かもしれないし、うまくいかなければ「失敗した！」ということになりかねない。

自分の専門を決めるためのあの手この手

そこで、志望学部や志望学科を決めかねている人には、専門的にならず少し幅の広い分野をカバーしている学部をお奨めする。具体的には「薬」や「医」といった学部ではなく、「教養」「環境」「人間」「総合」などというような名前のついた学部である。

こういう学部なら、入学後いくつかの学問の入門のような勉強ができるだけでなく、実際にどの学問がどういう内容で、どういう基礎知識が必要か、ということもわかったうえで自分の専門を決めることができる。不要な冒険をかなり避けることができるのだ。

また、こうした学部では２つ以上の専門分野を勉強することが可能なことも多い。これは研究生活では非常に重要なことで、正直言って今やひとつの専門だけでは何もできないことのほうが多いのだ。実際に大学で成功している研究者を見ていると、別の学問分野での物の考え方を自分のメインの専門分野に応用している、といった感じで研究しているケースがけっこう多い。

最近はこういった幅の広い内容を扱う学部が増える傾向にある。志望学部の決定で悩んでいる人にはありがたいことだと言える。

じつは大学の学部や学科には、広い分野をカバーしているものもあれば、かなり狭い（専門的な）内容になっているものもある。たとえば工学部と一言で言ったらこれは非常に広い分野を示すが、工学部建築学科などというとかなり専門的になる。

広い分野をカバーしている場合、大学に入ってから研究室配属まで時間があるので、実際の研究の様子をある程度じっくり見ながら自分の専門を決めていけるが、そうでないと入学してから「思っていたのと違う」となってもどうしようもない。

具体的には、たとえば工学部で航空工学科と機械学科で別々に募集している学校よりも、機械系学科として一括で募集しているほうが選択肢は広がるだろうし、理学部で数学科と物理学科と化学科で別々に募集している大学より、理学部で一括して募集しているほうが選択肢は広がるわけだ。

志望学部で悩んでいる学生は、こんなことを考えながら大学入試の情報冊子をめくっていけば、自分にとってピンとくる学校がきっと見つかる。何もわからないうちに、無理に自分の専門分野を決めてしまうのは、あまり利口な選択だとは言えないのだ。

受験校決定のコツ（私立大学編）

どの大学を受験するか、高校3年生になると誰もが頭を悩ます。推薦入試はともかく、一般入試を受験する多くの高校生は複数の学校に出願する。試験日程なども考慮に入れて選ばなければいけない。なかには「○○大学なら何学部でもいい」という人もいるようだが、ここでは学部や学科など志望分野で受験校を決めようとする場合のアドバイスをしていこう。

受験校選びの必須アイテム

私立大学は数が膨大であるばかりでなく、ひとつの大学、学部で何度も入学試験を行うため、ひとりで5校や10校受験する人も多い。そのため、かなり効率よく受験校を選定する必要がある。

そこで、まず各大手予備校などが出している次のような冊子と本を用意する。1冊は各入学試験の日程などが志望系統別に載っているもの（「入試日程表」などと呼ばれる）、もう1冊は書店で売られている各大学の簡単な紹介本である。

ただし、各大学の入試日程が決定されるのは毎年夏ごろなので、入試日程表は秋から冬にかけて、各大手予備校や学校の進路指導室などで配布されることになる。それまでは具体的に受験日程まで決めるのは難しいので、志望大学・学部はいくつか考えておき、とくにその中で第1志望校を思い描いて勉強しておくとよい。

入試日程表を手に入れたら、まずそこから受験校を探す。これが効率的だ。数多くの学校名が掲載されているだろうが、自分の関連するものだけをマーカーで塗る。その時点ではかなりの数をマークすることになる場合もあるだろうが、その中から実際に受験する学校を選択する。

入試日程表には大学・学部名のほかに、その大学の入学試験の難易度の目安などが載っている。そんなものも参考に、マークした学校の中から実際に受験する学校を決定していく。同じ地域にある同じような学部の入試は、たいてい日をずらしてくることが多いので、重なることはないだろう。このときに各大学の紹介の本を見る。

まず目がいくのが偏差値だが、そのほか地域、規模、雰囲気など、いろいろな要素を加味して、自分の行きたい学校を選び出していく。ただしここで気をつけてほしいのは、偏差値というのはあくまで目安でしかないので、入学試験が実際にその通りの難しさだとはかぎらないということだ。入試には個性があるし、自分の実力にも得意不得意があるわけだから、できれば各大学の過去問などを見て、実感としてとらえていくのがよい。

この時点では、まだ大学の名前と入試の日程と難易度、簡単なプロフィールぐらいしかわからない。そこで、興味を持った大学に関しては、できるかぎり早急に募集要項やパンフレットを手に入れる。大学に直接送ってもらうこともできるし、大手書店には募集要項を揃えているところも多い。学校の進路指導室や予備校の資料室などでもたいてい閲覧できるようになっている。それを読んで、志望校についての情報をつかんでいく。

リスクが少なく、やる気の出る受験校の組み合わせ

何を重視して大学を選ぶかは人によって違うだろうが、大学の所在地（家から通えるか、都市部か地方か）、規模の大きさ（人数や学部の多さなど）、カリキュラムの特色（科目の選択幅が広い、語学教育が充実している、など）、宗教の系統（仏教、キリスト教など）、必要経費（高いか安いか、寄付など必要か、など）とさまざまなポイントが考えられる。入試日程や偏差値などの現実的な制約の中で、これらのポイントを見ながら選んでいく。

物理的には毎日1校ずつでも受験できるが、実際には受験料や交通費、ホテル代などを考えると金銭的にも大変だし、体力的にも毎日の受験はかなり疲れる。2～3日に1校ずつ、3日以上の連続受験はできるかぎり避ける、というのが目安だ。

また実際には自分の実力から見てはるかに難しくても、「こんな学校に行ってみたいなぁ」とあこがれるような大学だってある。ぜひこんな学校も1つか2つは受験するようにする。こういう学校を日程に入れておくことで、勉強にもがぜん張りが出るものだ。その日の運なども手伝って合格しないともかぎらない。実際そういうケースもたまにある。

一方、もしかすると最悪のケースだって考えられる。どうしても浪人だけは避けたい、というのであれば、自分の実力なら絶対に合格すると思えるところも受けておけばよい。ただし、前もって必ずこう考えてみる。「もしも他の大学に全部落ちてしまったら、自分はこの大学に進学するだろうか？」

もしもその答えが、「いや、それなら浪人したほうがマシだ」というのであれば、受験しないほうがよい。反対に「そのときは進学する」と確信を持って言えるのであれば受験すべきだ。「すべり止めというのはその学校を馬鹿にしているみたいで、気が引ける」という生徒も見かけるが、どんなに少なくても進学する可能性（意志）があるのであれば気にする必要はない。それよりも「冷やかし」で受験するほうが意味がないということだ。

たとえ受験生にすべり止めと思われたとしても、大学側としては優秀な学生がなにかのはずみで入学してきたら、喜びこそすれ、悲しむことはない。また、学生にとってもそれが人生のバネになり、卒業後もよい仕事を続けている人はけっこう多い。

私大受験校の選び方
START!
まずは この２つを 用意する
入試日程表
(私立) 大学紹介
よし、ここと ここの 募集要項を 取り寄せよう
「要項請求」 …と
有料のところが 多い。
いよいよ 絞り込むぞ
〒
○○大学
特色… 学費…
○○大学
受験校 決定だ

入試日程表と大学紹介本で受験校をおおまかに選び出す。

選んだ大学のパンフレットや募集要項を手に入れる。

受験校の絞り込み

○ポイントは大学の所在地、規模、特色、学費、難易度など。

○受験日程は２～３日に１校ずつ。３日以上の連続受験は避ける。

○難易度とは別に、あこがれる大学があったら１～２校は受けてみる。

○すべり止めを受験するかどうかは慎重に判断すべし。

受験校決定のコツ（国公立大学編）

意外と難問、前期日程と後期日程の組み合わせ

私立大学と違って、国公立大学の一般入試は原則的に前・後期の2回だ。大学の数自体もそう多くないから、第1志望の大学を決めることはそう難しいことではない。私大にくらべると受験校の選択は一見難しくなさそうだ。

しかしセンター試験の後で出願するわけだから、その点数を加味しなければならないし、しかも出願までの期間が1週間くらいしかないため、じっくりと考えるわけにもいかない。そういう意味では、むしろ国公立大学の出願のほうが難しいといえる。

センター試験である程度自分の思ったとおりの点数が取れた場合は、前もって考えていた志望校に出願することになる。問題は、その志望校が前期重視型（前期入試の募集定員のほうが後期入試より多い）なら後期入試を、後期重視型なら前期入試をどうするか、ということだ。

第1志望校が前期重視型の場合、後期入試を受験するということは、前期入試で不合格だったことを意味する。そのときに自分がどういう気持ちかということを想像しないといけない。絶対に自分の第1志望の学校に行きたいのなら、同じ大学にもう一度出願すればいいし、浪人だけはしたくないというのであれば、もう少し安全だと思われる学校に出願する手もある。

しかし、あまり安全志向で出願すると、実際に前期試験で不合格になったときに後悔することにもなりかねない。後期試験は少し強気で出願したほうがうまくいくことも多いようだ。

一方、第1志望校が後期重視型だと話はさらに面倒になる。前期試験で合格してしまったら、後期試験を受験できないからだ。そういう意味で、前期試験は後期試験と同じ大学を受験するのがおすすめだ。もしくは前期試験で「とても合格するとは思えないが、もし合格したらぜひ行きたい」というような難関大学に出願する手もある。

もしもセンター試験に失敗したら

センター試験で思ったような点数が取れなかったとき、これはかなり悩むことになる。自己採点の日から数日以内になんらかの決断をしないといけない。

2次試験の配点比率がかなり高い大学の場合なら逆転合格の可能性もじゅうぶんありうるが、そうでない場合は志望変更をせざるをえない。私大入試に賭けるか、浪人覚悟で初心を貫くか、もしくは2次試験の配点比率が高い大学に志望を変更するか、といったようなことが考えられる。

このとき、センター試験で思ったように点数が取れなかったショックで、気分的にはかなり弱気になり志望校のランクを下げてしまいがちだが、これはよくない。出願してから何日かして「しまった……」という気になるのは目に見えている。

この時期には各予備校が、「センター試験で何点ぐらい取ったらどの大学にどれぐらいの確率で合格できる」というような点数を一斉に発表するわけだが、これを参考にして受験校を選んでしまうと、本来の自分の希望よりかなり見劣りする大学に出願せざるをえなくなってしまう。

場合によっては、出願できる大学がほとんどないというようなこともある。こんなときには家族も含めて本当に弱気になってしまうものだ。何度も書くが、受験には学力と気力の両方が大切だ。弱気になるのはもっともよくない。比較的合格しやすい大学ほどセンター試験の配点比率が高いこともあって、結果として悔いを残すことになる場合が多い。

そこで、センター試験が悪かった場合には、むしろ各大学の配点を見て、前期試験で2次の配点比率ができるだけ高い大学から選択するとよい。そうすればかなり多くの大学が視野に入ってくるし、強気になれるものだ。ただし、2段階選抜なども含めて不安な要素も多いから、後期試験では本当に安全な大学を選択する。

地域的な制約や志望学部の関係で、簡単に決断することは難しいだろうが、ともかく強気で出願し、いったん出願したらあとは2次試験に向けて着実に勉強する。もちろん、大逆転をねらうためには配点や科目数が多ければ多いほどよい。

ともかく国公立大学の出願は、気持ちの問題が大切であることを知っておく。後に悔いを残さないためには、少しくらいのセンター試験の失敗は気にしないようにするのがコツだ。

国公立大受験校の選び方

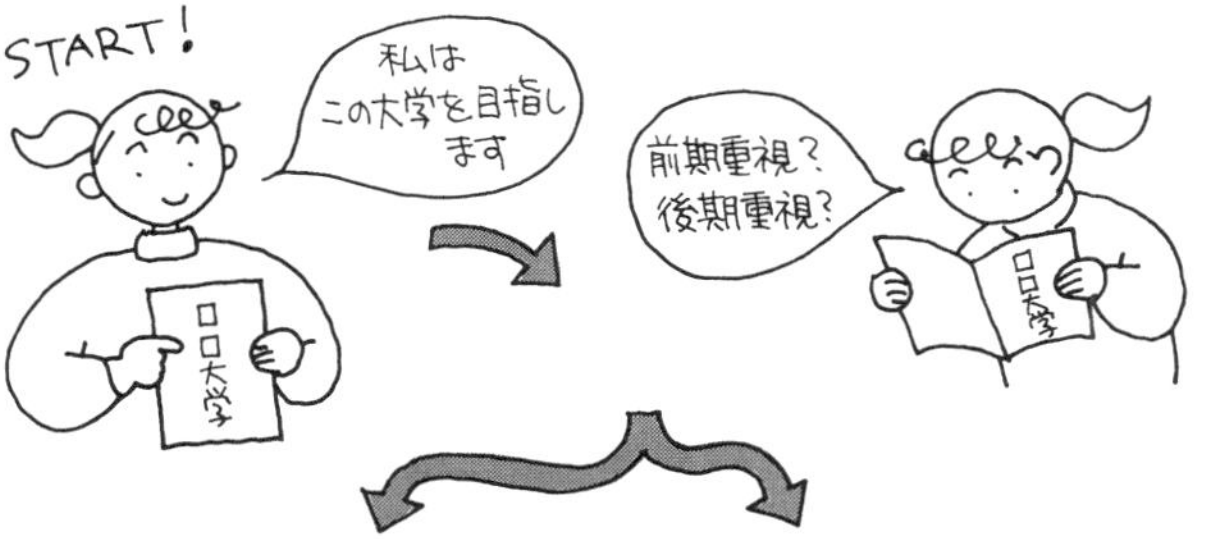

START！
私はこの大学を目指します

第１志望校が前期重視型

○後期試験を受けるときは前期試験に落ちたときだということを忘れずに。
○後期試験で受ける大学は少し強気で選ぶ。ただし判断は慎重に。

第１志望校が後期重視型

○前期試験は後期試験と同じ第１志望校を受験するのが得策。
○チャンスの幅を広げたいなら、第１志望よりも難関の大学を受験する。

後期の方の志望校を下げ過ぎてもよくない
前期受験を「チャンス！」と考える

センター試験に失敗したら……

志望変更もやむを得んな

○弱気にならない。受験は学力プラス気力だと心得る。
○前期試験では２次の配点が高い大学を、後期試験ではほんとうに安全な大学を選ぶ。

前期重視？後期重視？

	国立大学（各学部共通）	公立大学（各学部共通）	私立大学		
			理・工・農学部	薬学部	医・歯学部
入学金	30	30～40	20～40	20～40	100
授業料（年額）	50	50	80～100	130	200～400
その他	0	0～10	40～60	60	100～600
平均合計額	80	65～90	150～200	210～230	500～1000
備考	2部（夜間）は入学金、授業料とも半額	地元出身者は入学金が半額			

大学進学にかかる費用の目安（単位：万円）
初年度納入額で比較。1999年度のデータをもとに作成。

大学進学にかかる費用

シビアな話になるが、大学に進学するためには、学力だけでなく経済力も必要だ。大学進学には、ほんとうはいったいどれくらいのお金が必要なのだろうか。

まず国立大学、公立大学、私立大学で学費は違ってくる。国公立大学の学費は年々徐々に引き上げられているものの、私立大学よりはまだかなり安いのが現状だ。文系の場合だと、いろいろ足し合わせても、私立大学のほぼ6割程度と考えていい。

なぜ「文系の場合」と断りを入れたかというと、理系の場合はそれ以上の格差があるからだ。国公立の場合、文系理系にかかわらずどの学部でも一律同じ学費であるのに対して、私大理系の場合は実験・実習設備の規模に応じて学費がどんどん増える。

具体的に初年度納入費（入学金、1年分の授業料、設備費、寄付などの合計）でくらべた場合、表のような感じになる。とくに高額な機材をふんだんに利用する医学部の場合、国公立大学では文系学部と同じ学費なのに、私立大学だと文系学部の5倍、10倍というような学費を払わないといけないケースが多い。

理系学部に進学するのであれば、費用の点では国公立大学がお得だ。国公立大学の医学部などがかなり狭き門になっているのも、そういう現状を反映しているといえる。

学費を安く上げる方法

世の中ではリストラの嵐が吹き荒れ、家計が苦しい家庭も少なくない。そこで、少しでも学費を安くして大学に進学するための情報をいくつか紹介しよう。

思ったほど狭き門ではない学費免除制度

まずひとつめ。多くの公立大学では、その自治体に住んでいる家庭の学生にはさらに学費の割引がある。たとえば市立大学の場合だと、その市の出身者は他の地方出身者にくらべて入学金が少しだけ安くなる。「少し」とは言っても、自宅から通えることで仕送りもいらないし、地元との関係も深まるから、アルバイトや就職でもかなり有利となる。自分の住んでいる自治体の公立大学はけっこうねらい目だといえる。

ふたつめ。国立大学や多くの公立大学には、入学金免除や授業料免除などの学費免除制度がある。とくに保護者（学費負担者）が経済的に苦しい場合、かなりの確率で認められる。これに加え、日本育英会などの奨学金を併用すれば、国公立大学なら苦しい家計の場合でもじゅうぶんにやっていける。

ただし、学費免除制度は確実に認められる保証がないことだけは注意しておこう。免除申請は入学後であり、実際に決定するのはさらに数ヵ月後になる。進学前に学費免除が決定されているわけではないのだ。とはいえ、「進学をあきらめよう」と思うくらいの経済状態ならほぼ確実に授業料免除はみとめられるであろう。

だいたいの目安でいうと、入学金免除はよほどの貧窮状態にないと認められないが、授業料免除は意外に認められる確率が高い。たとえば保護者が入院している、失業しているなど、何らかの理由で一時的に家計が苦しくなった場合などは、授業料免除を申請してみるといい。すべて認められなくても、場合によっては半額免除になるケースもある。

授業料免除は半年に1回、書類をそろえて出願しないといけない。面倒なのは最初の1回だけ。

あとは慣れてくるのでそんなにたいへんではなくなってくる。出願書類には収入や資産の内訳や、家計が苦しい理由などを書くのだが、それらが大学での成績なども含めてすべて点数化され、合計点の高い順に採用されているようだ。詳しくは国立大学の入学手続きの際に説明会があるので、それを聞いて参考にするとよい。

じつは一部の私立大学にも学費免除の制度があることはある。ただし、その多くは経済的に苦しい学生を救済するというより、むしろ成績優秀な学生を確保するのがねらいだ。各大学の募集要項やパンフレットなどで確かめてみるとよい。成績が優秀ならば、こういった特典をねらう手もある。

無利子奨学金から給料がもらえる大学まで

ほかに、これは学費ではないが、生活費の面で日本育英会の奨学金がある。大学時代に毎月お金が振り込まれ、大学を卒業してから少しずつ返していくというもので、いわば無利子の格安ローンという感じだ。これは大学に入学してから申し込む。とくに一人暮らしの学生などは、この奨学金を利用しているケースが多い。

またこれとは別に、援助金を支給してくれる各種奨学金制度がある。家計が苦しい場合などはそういうものに応募してみてもいい。ただし成績などが関係してくる場合もあるので、そういう奨学金がほしいなら、高校ではよい成績を残す努力が必要だ。

さらに、新聞配達を毎朝するかわりに住居やご飯の面倒を見てもらい、しかも給料までもらえるという、いわゆる「新聞学生」の制度もある。運動不足も解消されて生活も規律正しくなるので、本当に勉強するのにはもってこいの制度ともいえる。

働きながら勉強するということでは、国公立、私立を問わず大学には夜間のコースを設けているところがある。夜間コースは講義が夕方から始まるので、少したいへんかもしれないが、これだと仕事をしながら大学に通うことができる。夜間コースの場合は、たいてい学費も昼間コースの半額ぐらいに設定されている。夜間コースにはさまざまな経歴の学生が集まっているので、ある意味では昼間コースに通うより人生勉強になるかもしれない。

最近では夜間コースと昼間コースというコース分けがなくなり、単純に夜間にも多くの講義を開講することで、勤労学生を支援するような大学も増えてきている。これなら仕事のある日だけ夜間の授業を受ければよいわけだし、一般の学生も昼間はアルバイトして夜に授業を受けるなんてことが可能になる。勤労学生には朗報だといえる。

そのほか、各種「大学校」というものもある。気象大学校、防衛大学校、防衛医科大学校などいくつかある。実質的には大学だが、文部省の管轄ではないためこのように呼ばれている。こうした大学校は、基本的には国家公務員を養成するための機関であり、あくまで「仕事」の一環なので、学費がいらないどころか給料やボーナスまでもらえる。ただし、卒業後の進路も配属という形で決められるので、自由に就職ができるわけではない。興味があれば各大学校についての資料を手に入れて読んでみるとよい。

さらには、自治医科大学、産業医科大学という医科大学は、卒業後に山奥の診療所に赴くなどの使命を与えられるが、その使命をまっとうすれば大学時代の貸与金額の返還が免除される。事実上の学費免除＋奨学金支給の制度だといえる。

いずれにしても、本当に大学に行って勉強したいのであれば、少々お金に困っていてもちょっとした工夫と強い意志でどうにかなるものだ。とくに成績がよければよいほど、援助を受けるチャンスが多くなる。学費の援助を受けるためには、それなりの努力が必要だということだ。

第7章 推薦入学のメリット・デメリット

推薦入試とはこういう制度だ

理系推薦入試の実態

最近は入学試験の多様化にともなって、推薦入試が増えてきた。人数としてはまだ少ないので、一部の生徒にしか関係のない制度ではあるが、今後こうしたものがますます増えてくることが予想される。そこで推薦入試について少し触れておこう。

入学試験には推薦入試と一般入試の2種類がある。だいたい1～3月に行われるふつうの入試

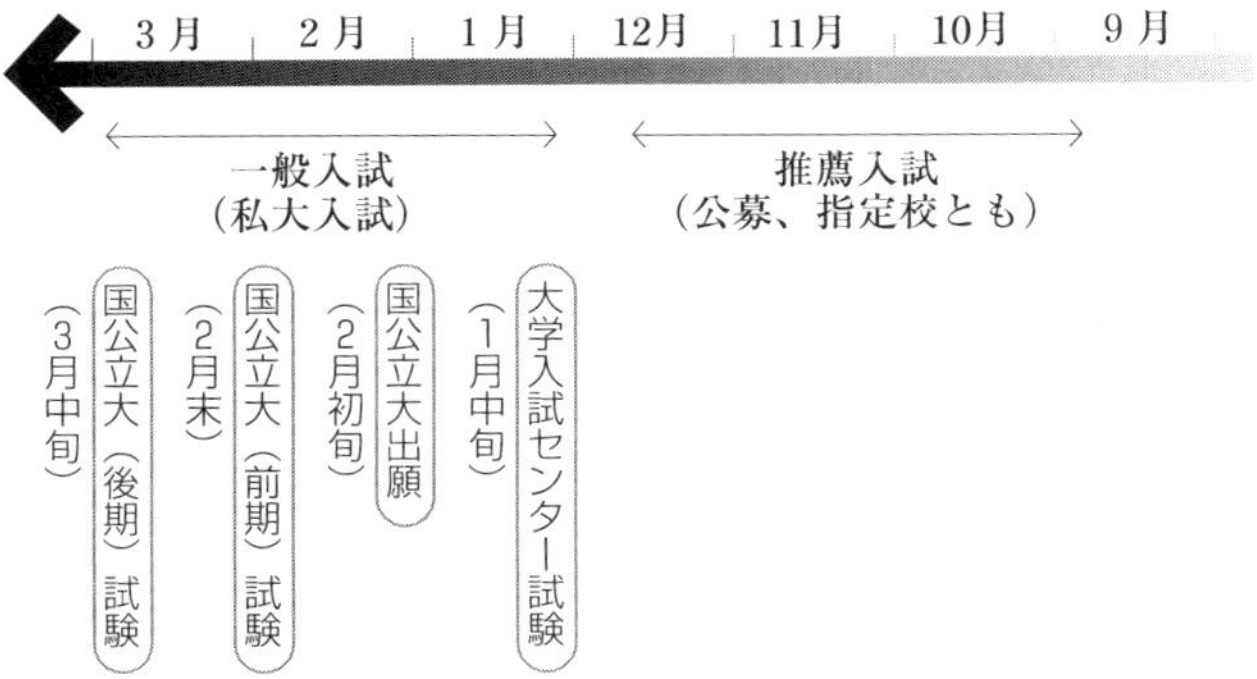

入試のスケジュール

が一般入試、それより前の10～12月ごろに行われるのが推薦入試である。さらに、推薦入試には公募（一般）推薦入試と指定校推薦入試がある。

このように2種類の入学試験が存在するのには理由がある。もともと大学入学試験は一般入試だけだった。ところが、学力試験の点数のみで合否を決める一般入試には批判もかなり多かった。そこで、学力試験以外の調査書や内申書、小論文や面接、小テストというような科目で合否を決める推薦入試というシステムを導入したわけだ。

しかし、この推薦入試を多くの大学が採用するようになったのには、もうひとつ別の理由がある。少子化にともなって、一般入試だけでは優秀な学生を確保するのが難しくなってきたという事実だ。こうした大学にとって、一般入試より先に行われ、しかも合格者がほとんど辞退しない推薦入試は非常に都合のよい入学試験制度だといえる。

そういうわけで、今後少子化がますます進むと同時に、推薦入試がより一層身近なものとなるのは間違いない。現在、推薦入試を行っているのは圧倒的に文系学部に多いのだが、今後は多くの理系学部で導入される可能性もある。

公募推薦と指定校推薦

さて、公募推薦入試に出願する場合、学校の担任や校長などが、各大学に対して推薦書というものを書く。この推薦書がじつはクセモノだ。各大学が指定した用紙にいろんなことを書いていくのだが、たいていは担任が自分のクラスのかわいい生徒のために、涙ぐましいほどの精一杯のアピールをここで行うことになる。

たとえば、推薦書に「生徒の勉学態度」という欄があったとする。「この生徒は毎日授業を一言一句逃さず聞いている。文句のない授業態度だ」というような美辞麗句を（時にはウソを）ならべることにもなる。だから生徒の責任も重大だ。この内容が事実と違えば、高校の担任が「ウソつき」ということになってしまうし、あまりにひどい場合は、その学校が大学からお叱りをいただくことすらある。学校の方針によって違うが、こうしたことから推薦入試をあまり奨めない学校や担任も多い。

では、指定校推薦はというと、公募推薦のさらに何倍もの重い責任が課される。そもそも指定校推薦とは、「○○高校が我が大学に推薦する生徒はきっと文句なく立派な生徒に違いないから合格させてあげましょう」という、信頼の上に成り立っている制度だと考えてよい。

もちろん、そうした大学との関係というのは相当なものだ。高校側がキリスト教の学校で、大学側もキリスト教の大学だとか、同じ学校法人のグループ校などという場合が多い。とくに前者の場合だとたいてい「○○高校の推薦してくる生徒は、きっとキリスト教に対しても相当理解のある（場合によっては信者の）生徒であろう」というところまで期待される。指定校推薦の責任が大きいというのにはそういう意味もある。

指定校推薦制度は、文系の学部ではさかんに用いられている。たとえば国語や社会といった知識は小論文で推し量られるので、あとは小論文の資料を英語にしたりすることで、受験生の英国社の実力をある程度見ることができる。小論文と面接という受験方式が文系の大学受験に受け入れられやすい理由だ。

それに引きかえ理系学部の場合、小論文や面接では数学や理科の実力はわかりにくいし、調査書の評定値もあまりあてにできない。数学や理科の場合、学生の学力レベルがある程度そろっていないと大学での授業が成り立たないという事情もある。そのため理系学部の場合、小テストで自由競争をさせる公募推薦ならまだしも、指定校推薦は少ない。

推薦入試のネック

さて、こうした推薦入試で注意したいのは「併願可」か「併願不可」かを知っておくことだ。推薦入試は、出願書類などに「併願不可」と書いてあればその学校にしか出願できない。合格したら他の学校に行かないということである。指定校推薦の場合はほぼ間違いなく「併願不可」だし、公募推薦でも「併願不可」の学校はけっこう多い。また「併願可」の推薦入試の場合は倍率がかなり高いことが多いので、事実上はほとんど一般入試と変わりがない。

ときどき、ある大学の併願不可の推薦入試に合格していながら、別の大学の一般入試にも合格するケースを見かける。合格するだけならまだしも、推薦合格を蹴って一般入試で受かった大学に進学するのはルール違反だ。推薦を認めてくれた大学にも高校にも大いに迷惑をかけることになる。だから推薦入試の出願は慎重に行わないといけない。気軽に出願できる一般入試とは違って、推薦入試は信頼の上に成り立っている制度なのだ。

指定校推薦入試と一般入試で迷ったときの考え方

高校によっては指定校推薦入試の枠があって、毎年特定の大学や短大に何人かの生徒を合格させている。そういう高校で毎年秋口になると見られる光景がある。それは、指定校推薦に出願するか一般入試を受験するかで、生徒や保護者が悩む光景である。

生徒や保護者の立場からすると、一般入試にくらべて指定校推薦はかなり確実に合格できることもあり、魅力的なものだ。指定校推薦に出願できるのに、それを見送ってあえて一般入試にのぞむのは、人生におけるちょっとしたギャンブルでもある。一方、指定校推薦では学部や学科の自由度が少ない場合が多く、自分の本来行きたかった学科と違う場合もある。

とくに指定校推薦の数としては圧倒的に文系の大学が多いため、理系の生徒なのに文系学部に指定校推薦で進学するケースも多い。

たとえば、農学部に行きたかったのに指定校推薦のために国際関係学科に進学したり、国立大学志望だったのが私大に進学したり、看護学部志望だったのが社会学部に進学したり。目の前の確実性を選ぶため、多少の志望の違いには目をつぶって指定校推薦入試で行ってしまうということも多い。

指定校推薦をめぐるドラマ

理系高校生が受験勉強の際に感じるプレッシャーは相当なものだ。できるならこのプレッシャーから早く解放されたいという気持ちは理解できる。こういうときに指定校推薦というものが目の前にあると、誰だってかなり心を動かされるものだ。それが文系の学部であったとしても、ある程度ネームバリューのある大学に確実に進学できるのならそっちのほうがよい、という気持ちにだってなるだろう。

また、クラス担任が「こんな大学の指定校推薦があって、あなたの評定平均なら出願することができますよ」と生徒や保護者に奨めることも多いようだ。そうなれば、生徒の側としては気持ちが揺れないわけがない。担任が自分のために提示してくれた進路だ。たいていはその日に家族会議なんかを開いて推薦で行くことに決めてしまう。

予備校などでは、2学期頃になると早くも「指定校推薦で合格しました。ありがとうございました」というような生徒も現れる。こういう時は正直なところ、複雑な気持ちになることが多い。なぜなら、その生徒から最初に聞いていた志望学部と、実際に推薦で合格した学部があまりにかけ離れていることが多いからだ。しかもそういった生徒ほど一般入試でもじゅうぶん合格できるほど実力がある生徒なのだから。

では、指定校推薦はやめておいたほうがよいのか、というとそういうわけでもない。要は自分で悔いを残さなければいいのだ。それは各人の価値観次第だと言える。とはいえ、そういう状況になったときにどう考えればいいか、というのはなかなか難しいものだ。そこで具体的に指定校推薦入試に出願した後、どういう生活を送ることになるかを簡単に見ておこう。

推薦コースを歩んだときの気持ちの流れ

指定校推薦入試の場合、11月に試験がある場合が多いので、それまでに小論文や面接の準備をすることになる。万が一指定校推薦入試で不合格になる場合に備え、一応他の科目の勉強もすることはするが、ほぼ確実に合格するとわかっているとなかなか身が入るものではない。

12月頃に入学試験で合格すると、他の生徒が受験勉強真っ只中なのに、自分は気楽な毎日を送ることになる。とくに、１学期に「一緒に志望校に合格しよう」と誓い合った友人が一心に勉強しているのを見ると少し淋しいものだ。また理系科目の場合、やる気がなくなるとたんに理解できなくなることが多い。しかも「クラスの雰囲気を崩さないように」と担任に言われたりもするから、遊びまわるわけにもいかない。

１月のセンター試験、２月の私大入試、３月の国公立大入試のあいだも、他のクラスメートとは別行動の場合が多いが、このころになるとアルバイトをしたり何か始めたり、とそんなに淋しいというわけでもなくなってくる。２月ぐらいから私大入試で合格発表が始まり、３月中ごろぐらいになってくるとほぼ友人たちの進路が決まってくる。

しかしこのとき、自分が行きたかった学校や学部に自分の友人が合格すると、少し複雑な気持ちになる。「指定校推薦を選んでよかったのだろうか？」という気持ちがなかなか離れないという話も聞く。友人たちが一般入試で志望校合格を勝ち取る中、志望学部を変えてまで確実性にこだわったことがほとんど無意味なことのように思えてくるのだ。

みんなが最も充実して勉強しているときに自分は勉強しなかった、というのも、悔いを残しがちな理由のひとつにもなっている。そもそも指定校推薦に出願できるような評定平均の生徒（すなわちそこそこ成績のよい生徒）が、他のクラスメートが熱心に勉強しているのに自分だけぼーっとしているという状況を快く受け入れられるとは思えない。そういう意味では指定校推薦に出願した生徒の多くは、多かれ少なかれ悔いを残しがちになるものだ。

理系の場合とくに判断は慎重に

アドバイスとしては、急に指定校推薦入試の受験を考えることになった場合、もともと行きたかった学校にくらべてかなり「よい」学校でないと、あまりおすすめしない。「よい」学校とは偏差値の問題ではない。自分の気持ちの中で「あ、その大学に行きたい！」と思うような大学ということだ。

そんな大学なら、理系のクラスにいながら文系学部の指定校推薦に出願することも悪くはない。理系クラスで培った数学や理科の知識は必ず将来役に立つ。逆に「本当はこっちの大学に行きたいけど、担任も奨めるし、親も行きなさいと言ってるし、期限も迫っているし、まぁいいか」というような場合は、ちょっと考え直したほうがよい。

自分の高校の指定校推薦枠の情報を早くから入手する手もある。ふつうは高校3年生の1学期あたりで指定校推薦について先生から説明されることが多いが、1~2年生の頃からそういう情報を得ておくことで、一般入試や志望学部なども加味してじっくり時間をかけて考えることができる。ただし推薦枠を超えた志望者がいる場合など、指定校推薦をもらえない可能性もある。早くから推薦で行くことばかり想定して勉強するのは、やめておいたほうがよい。

ともかく悔いを残さなければそれでよいわけだから、じっくり考えて自分の進路を決めることだ。文系理系にかかわらず、指定校推薦がどういうものか、ということぐらいは高校1~2年生のうちから知っておいて損はしない。

推薦入試と評定平均のカラクリ

通信簿の成績と評定値は違う

推薦入試に出願しようとすると、その入試要項に「評定平均値3・8以上」というような数字が示される。生徒や保護者の立場から見ると、この数字はかなり謎の数字に違いない。この「評定平均」がどういうふうに計算されるのか、読者のみなさんは知っているだろうか。

まず評定値とは、一言で言うと各学年・各科目ごとの5段階評価のことだ。この評定値は、ふつう保護者や生徒は直接知ることができない。各高校で各生徒ごとに保存される学籍簿と呼ばれる公文書に記載されるものなので、通信簿などの成績とは必ずしも一致しない。そういう成績が存在するのだ。

そもそも評定値や評定平均の計算方法は、全国の高校で完全に統一されているというわけではない。学校ごとに微妙に変わることもあるので、ここに書くことがつねに正しいともかぎらないのである。だから、ここに示すのは一例のつもりで読んでほしい。

Aさんの高校1年生での評定値が「国語Ⅰ―4、数学Ⅰ―5、数学A―5、英語Ⅰ―4、化学ⅠB―5、現代社会―4、音楽―4、体育―4」だったとしよう。ここからの計算方法は年度や学校によって若干違うが、たとえば（4＋5＋5＋4＋5＋4＋4＋4）÷8＝4・375なので、Aさんの高校1年生での評定平均値は、四捨五入で4・4ということになる。

最近は学校にもかなりパソコンが普及したので、評定平均の計算はかなり楽になった。それでも全生徒の3年間の成績をすべて平均するわけなので、大量のデータ処理が必要となる。そこで少しでも計算を単純化するため、週に1時間しかないような科目（たとえば保健や宗教）でも、週に5時間あるような科目（たとえば英語）でも、たいていの学校ではすべて同じ重みで計算している。

また、各科目ごとにいったん評定値を出してから平均するのか、あるいは各学年ごとに評定値を出してからそれらを平均するのか、というような細かい計算の手法も、学校や年度によって微妙に異なる。そういう計算方法は、文部省や教育委員会などからの通達に基づいて、各学校が判断することになる。

こうやって、高校1年から3年にかけて履修したすべての科目の評定値の平均を計算することができる。これが世に言う評定平均だ。どの高校のどの生徒のどの科目にも、この評定値と呼ばれる5段階評価が存在して、どの生徒にもこの評定平均が存在する。

評定平均を上げる裏技

評定値にはある程度は基準があって、学校が違ってもそこそこ比較することができるが、実際にこの数値がその生徒の全国的に見た学力を表しているかというと、そういうわけでもない。言いかえると、評定平均をあげるためにはちょっとした「コツ」も存在する。推薦入試を受験する気がなければ正直なところまったくどうでもよいような数字ではあるが、参考程度に読んでほしい。

まず、年度によっても違うものの、週に1時間の科目であろうが毎日習う科目であろうが、「1科目」であることには変わりはない。だから評定平均をあげるためには、週に1時間しかないような、軽く見がちな授業でよい点を取ることが重要な場合が多い。我々は評定平均をあげるために勉強しているわけではないが、このことは頭に入れておいても損はしないだろう。

ここで、読者のみなさんにクイズをひとつ。「推薦入試はまだ高校生活が終わっていない秋に行われるのに、願書に記載する高校3年間の評定平均値はどうやって計算するのだろうか？」

じつは、10月や11月に行われる推薦入試のために、3年生の成績だけは暫定的な評定値が使われる。すなわち、1学期の成績を3年生の1年間の成績とみなして計算するのである。だから、とりわけ秋の推薦入試を目指す生徒の場合、3年生の1学期の成績がかなり大きくモノを言うことになる。この時期の定期試験は他の学年の試験にくらべ、単純に考えて3倍の重みがあるということだ。

もうひとつ大切なことは、基本的に評定値は各学校ごとの相対評価であるということだ。つまり、成績の優秀な生徒がそろっている高校では高い評定平均は取りにくいし、その逆のケースも考えられる。それゆえ、評定値は思ったより上だったり下だったりすることが多い。

ただし、推薦入試の際に各大学に集まる調査書には、各科目の評定値や評定平均とともに、その高校での評定平均の人数分布も示されている。だから評定平均を単純に点数化する大学もあれば、「この分布でこれぐらいの評定平均値ならこれぐらいの成績だろう」というふうに参考程度に見るだけの大学もあるし、特定の科目の評定値しか見ない場合もある。評定値や評定平均をどのように捉えるかは、各大学の判断にゆだねられているのだ。

評定値を大雑把に見ると、各学校の平均的な学力から見て、5が「かなり上」、4が「やや上か平均と同じぐらい」、3が「やや下」、2が「かなり下」という感じだろう（1は落第を表すので、実際にはありえない）。おそらく全国の高校生の評定平均の平均は、3・5～3・7くらいに落ち着くのではないだろうか。

　では、自分の評定平均を知るにはどうしたらよいか。こういう質問も予備校の生徒からよく聞かれる。自分の評定平均を直接知ることはできないが、学校によっては担任に聞けば教えてくれる場合もあるし、推薦入試に出願する段階で教えてくれるという場合もある。もしも、学校の方針で教えてくれないような場合には、このようなことを参考に推測してみるしかない。

　ひとつだけ言えることは、評定平均のような数字でその生徒の学力を正当に評価するのは不可能だが、推薦入試などでは、そんな数字のマジックで人生が決まることもあるということだ。評定平均値をあげるための勉強なんてまったく意味がないが、参考程度に知っておいても損はしない。

「調査書」と「推薦書」をうまく書いてもらうコツ

教師が喜ぶ生徒からの自己アピール

推薦入試の場合、まず大切なのは出願の際に提出する書類だ。面接と小論文と小テストぐらいしか試験科目がないわけで、実質上書類選考に近い場合も多い。そんなわけで、とにかくまずは出願書類に全力投球することになる。

たいていの推薦入試では、出願の際に推薦書と調査書の提出を求める場合が多い。しかし、これらは学校の担任が書いて密封することになっているため、生徒の側としては手の出しようがないと思われている。しかし、じつはそういう書類をうまく書いてもらうための生徒側のコツというものも存在するのだ。

高校3年の学級担任というのは、2学期あたりから成績処理や調査書、推薦書を書くためにかなりの時間を費やすことになる。正直なところ、ひとりの生徒の調査書や推薦書を書くのに何日もかけるわけにはいかない。生徒は何十人といるからだ。生徒の側からしたら一生を決めるような問題でも、複数の生徒の面倒を見ている担任がひとりの生徒にかけることができる時間は、物理的に限られているのである。

そこで、推薦入試を受ける際には、単に出願書類を担任に手渡して「お願いします」と言うだけではなく、自分のアピールポイントをまとめたメモをつけるとよい。もっと時間があるなら、出願書類をコピーして自分で文章を書きこみ、「こんなふうに書いてください」と手渡すとさらによい。

そんなことをするのはかなり出しゃばった行為のように思いがちだが、実際にはこうされて喜びこそすれ、迷惑に思う担任はいないだろう。教師の経験から正直に言うと、生徒ひとりひとりの性格や長所を文章にしていくのは非常に面倒くさい作業なのだ。地味で目立たない生徒は「思慮深くて穏やかな性格の持ち主」となるだろうし、授業中にしゃべってばかりいる生徒も「快活明朗で元気な生徒」ということになる。そういう言葉をひねり出すのは、意外と難しいことなのだ。

だから、生徒が推薦書の用紙を持ってきたとき、担任は大きな仕事を背負うことになる。とくにそれが静かで目立たない生徒だったりしたら、特徴を思いつくだけで2時間も3時間もかかることだってある。推薦書の空欄が埋まらないことが、その生徒の人生を左右するかもしれない。学級担任とは本当に大変な仕事なのである。

そういうわけで、推薦書や調査書を書いてもらう際には（せめて文章にできないのなら箇条書きでもいいので）、自分のプロフィールを添えると効果的だ。それがあると、書く側としては非常に助かるのだ。

「そんな大それたことはできない」という生徒もいるかもしれないが、自己アピールの練習はこれから社会に出るうえで非常に大切だ。とくに推薦入試を受験する生徒には、この際ぜひ知っておいてほしいマナーでもある。

自己アピール文の書き方

具体的には、プロフィールには次のようなものを書いておく。

・自分の長所、短所
・趣味、特技
・将来の夢
・志望理由

これらの項目について、少しずつ文章にしてまとめてみる。

恥ずかしがって自分のことをあまり話したがらない生徒もけっこう多いが、それでは自分が損をするだけだ。どんな生徒でもいろんなアピールポイントを持っているものであり、それをどんどん担任に伝えなくてはいけない。たしかにそれは、奥ゆかしさを重んじる日本的な伝統からすると少しはずれる行為かもしれないが、推薦入試自体がそういう制度なのだからしようがない。

また、推薦入試は単純に学力の点数で合否を決めるわけではないので、課外活動などは書けば書くほどポイントになるという場合も多い。たとえば毎週1回ボランティア活動をしているとか、アマチュア無線の免許を持っているとか、海外生活が長かったとか、サーフィンがむちゃくちゃ

自己プロフィールシート　　3-C 鍵本 聡

部活動	卓球部：団体戦で市内ベスト4。 ESS：○○大学主催の英語弁論大会で3位。
性格 （長所）	明るい。友人が多い。落ちこんでも立ち直りが早い。 何事にも前向きにチャレンジできる。
性格 （短所）	落ちつきがない。注意力が足りない。 何事にも正確さに欠ける。
趣味	シンセサイザー演奏。バンド活動。 音楽鑑賞（イギリスのポップス、ロックを中心に）。
特技	英検2級。シンセサイザー演奏。
好きな科目 得意な科目	英語と数学 （英語は好きだけど、学校の成績はそんなによくない）
苦手な科目	国語。とくに現代文。
将来の夢	バンド活動で有名になって曲をヒットさせてもうけること。 できれば有名なプロデューサーになって、アイドル歌手に曲を提供したい。
毎日がんばっていること	毎日30分の道のりを自転車で通学。 必ず毎日1時間ずつ英語と数学を勉強するようにしている。
最近読んだ本、それについての感想	講談社ブルーバックス「高校数学とっておき勉強法」。 もっと数学の勉強をしないといけないと思った。
最近気になるニュース それについての感想	少年犯罪の増加と、その報道のあり方についての論議。 少年犯罪の場合とふつうの犯罪の場合で、裁判の進め方が全然違うのは問題だと思う。

先生に渡す自己アピール資料

うまいとか、なんでもいいから自分の自慢になることを担任に伝えておくべきだ。

アマチュア無線の免許や英検などのように証明書や免許証などがあったら、それをコピーして渡してもよい。じつは推薦書や調査書を提出する際には、そういったものを参考資料として添付することができる。何かの国際大会に参加した生徒の場合は参加証を添付すればよいし、イラストが上手で何かのイベントのパンフレットの表紙を飾ったのであれば、そのイラストのコピーを添付したりすればよいわけだ。

ちなみに、推薦入試を受験するわけではなくても、教師は自分の担任するすべての生徒についての「学籍簿」というものを残さなくてはいけない。このとき、やはり同じように各生徒の長所を文章にして残していくことになる。自分をアピールするちょうどよい機会だと思って、アピールポイントを紙に書いて担任に渡してみよう。クラス担任はうまく学籍簿を書くことができるに違いない。

第8章 苦手科目克服のためのとっておき勉強法

苦手科目こそ積極的に勉強する

苦手科目を克服するというのは、嫌いな食べ物を食べることができるように努力するのと似ている。

たとえばトマトが嫌いだとしよう。目の前の皿にトマトが1個、ポンと置かれて「はい、食べましょう」と言われても好きになるわけがない。休日にトマト農家に出向いて自分でトマトを収穫するとか、あるいは自分でトマト料理を作るとか、いろいろな面からトマトに接することでその味を再発見することができるものだ。そういう経験を通じてトマトに愛着がわき、だんだんとトマトが好きになる。

注目すべきなのは、こうしてトマト嫌いを克服したときには、最初からトマトが食べられた人よりもより深くトマトを理解していることだ。そもそもトマトでしか味わうことのできない味があるからこそトマトが嫌いなわけであって、その味を知っているぶん、最初は嫌いだった人のほうが有利だといえる。

そんなわけで、トマトが嫌いであることはトマトをより深く理解するチャンスでもある。すなわちトマトを克服すると、たいていはトマト大好き人間になっているということだ。このことを忘れてはいけない。

結局、苦手科目を克服するときに言えることは「攻撃は最大の防御」ということである。いろいろな角度から徹底的に勉強することで、必ず得意科目に変わる。だから「苦手科目はせめて足を引っ張らないようにしよう」というような消極的な勉強では、本当の意味での苦手科目の克服とは言えないのだ。

ここでは、苦手科目を得意科目に変えるための攻撃的勉強法を科目ごとに述べていく。各科目ともじっくりと腰を据え、ここに書いたように学習を進めていけば、必ずなんらかの成果を生み出すことができることを約束しよう。

また、苦手科目を克服するためのお奨め参考書・問題集も紹介していく。紹介しているものはすべて「トマトを好きになるために、トマト農家に行ってトマトを収穫する」ような体験ができる、本格的なものばかりである。苦手科目だからこそ徹底的に勉強する、ということをぜひ心がけてほしい。

英語……理系の英語は英文解釈が中心

理系に求められる英語とは

英語でもっとも大切なことは文献を理解することだ。理科系学生の必要最小限の能力だと言ってよい。

最近は英文和訳主体の英語教育に異を唱える教育者が多いようだが、少なくとも理系の大学教授は高校生に、「英会話なんてできなくてもいいから、せめて英語の文献を読んで、きちんと理解できるようにしておいてほしい」と思っているはずだ。理系の入試問題で、英文解釈や英文法主体の問題が出題されるのは当然のことなのだ。

そんなわけで、英語が苦手な人はまず文法の復習をするにかぎる。中学の最初の部分に戻って勉強するのがよい。英語で新しい文法が出てくるのは、おおまかに言うと中学の3年間と高校1

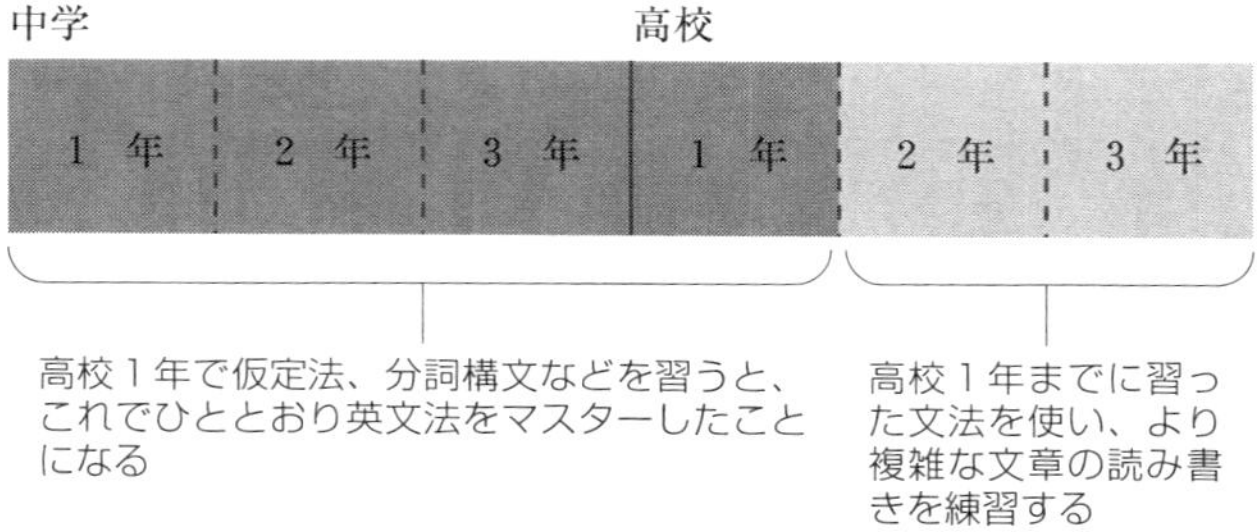
中学
高校
1 年
2 年
3 年
1 年
2 年
3 年
高校１年で仮定法、分詞構文などを習うと、これでひととおり英文法をマスターしたことになる
高校１年までに習った文法を使い、より複雑な文章の読み書きを練習する

英語学習のおおまかなカリキュラム

年の合計4年間である。それ以降は、読解や決まった言い回しなど、さらに細かい表現を勉強することになる。

理系のための英語勉強法

そこで、英語が苦手な理系の生徒はまず次のような問題集をやろう。それは、左ページに日本語訳、右ページに英文が載っていて、それらが文法の項目ごとにまとまっているような問題集である。こういう問題集の右ページを下敷きなどで隠し、左ページだけを見てノートに英文を書いていく練習をするのだ。できれば中学1年〜高校1年ぐらいの内容をまとめたものが最適だ。

もしこういう問題集が見つからないなら、ラジオの基礎英語のテキストでもいいし、学校の教科書でもいいので、自分で新しいノートを用意して、左ページに英文、右ページに日本語というような暗誦例文用ノートを作る手もある。できれば中学からの文法順に並べていくと、後で見直すときの効率がよくなる。

　もちろん最初からすらすらと書ける人はいないだろうから、まずは英文を覚える。覚えたと思ったら、さきほど書いたように英文を隠して日本語だけを見て英語を書く。それでも間違えたら日本文の左にでも印をつけておこう。このときに大切なのは、つづりの間違いや「惜しい」と自分で思うような解答も、すべて間違いとすることだ。

　たとえば「彼は若かった」という文章で「He is young.」としてしまったとき、「あ、過去形（was）にするのを忘れた。まあ合っていることにしよう」と考えて見過ごしたり、あるいは複数形と単数形を間違えても「まあほとんど合っているよな」と考えて見過ごしたりするのはよくない。そういう何気ない間違いを見過ごすことが、後で大きな間違いを引き起こす。

　英語の勉強で大切なことは、文法で理解しつつも、文全体を丸暗記するつもりで覚えることだ。しかもぼーっと目で英文を追うだけでは効率が悪い。覚えるときはノートに書きながら、大きな声で口に出して覚える。目と耳（自分の声）と体（自分の手）の3つの手段を同時に使うから、黙って覚えるより学習効果が3倍になる。これは本当の話である。そして、文章が暗記できれば、難しい文法も自然と理解できるようになっているし、単語の応用力もついている。英語の場合、例文の暗記は一石二鳥でも三鳥でもあるのだ。

隣の部屋にいる家族が、自分が何を勉強しているかわかるぐらい大きな声を出さないといけない。声に出し何度も反復して英語を覚える術は、すべての英語の達人が実践している方法である。とにかく理系の世界で生きていくかぎり、残念ながら英語の勉強は一生続く。大学に合格さえすればどうにかなると思ったら大間違い。まかり間違って、英語の文法がチンプンカンプンなまま大学に入学しても、研究どころか進級も怪しい状況に陥るはずだ。さらに、会社に入ってからも、多くの企業で英語研修の参加が義務づけられている。

好きとか嫌いとか言っている場合ではない。大学入学前に英語の文法をマスターしておくことは理系学生の必要条件なのだ。

英語を克服するためのお奨めの参考書と辞書

『基礎英文法問題精講』など「基礎○○問題精講」シリーズ（旺文社）

理系の英語能力の基本は文法である。そういうわけで、とにかくこの『基礎英文法問題精講』を1冊仕上げる。文法の基本をおさらいするための本当にオーソドックスな1冊だ。できれば高校1年の間にがんばって仕上げれば、苦手だった英語がもはや苦手ではなくなっているに違いない。

これで文法をある程度マスターしたら、次に『基礎英文問題精講』と『基礎和英問題精講』をやる。『基礎英文問題精講』は英文和訳のための問題集であり、この1冊を仕上げるだけでもかなりの文章力を身につけることができる。また『基礎和英問題精講』は和文英訳の参考書だが、各項目の問題がそのまま暗誦例文のようになっているので、本文に書いたように、これらの英文を何度も口に出しながら覚えていくとよい。

この2冊はいずれも2ページで1項目になっていて、項目ごとに例題があり、その解説を通じて説明がなされている。高校1～2年生はできれば毎日1時間英語の勉強をすべきだと書いたが、授業の予習以外に、この本を毎日1～2項目ずつ解いていくとよい。1日1項目でも1冊が約120日ほどで仕上がる計算になるので、驚くほど短期間で英語の基本をマスターすることができる。ここに挙げた3冊を少しずつ仕上げても1年ぐらいで終わる計算だ。この時点で、もうすでに相当に英語力がついている。

さらに勉強するのであれば『英文標準問題精講』などの「標準問題精講」シリーズがある。これを仕上げればどんな大学入試でも大丈夫だ。

『Longman Dictionary of Contemporary English』（桐原書店）

英語を本当に身につけるためには、外国に行って生の英語に触れるのがいちばんだ。しかしそんなたいそうなことをしなくても、辞書を英英辞典に変えるだけで、擬似的に外国に行ったのと同じ効果を得ることができる。

英語が苦手な人だと、確かに最初は辞書を引いて意味を理解するだけでも多くの時間を費やすが、1週間も引き続けていれば、かなり辞書を引くスピードが早くなってくる。トマトが嫌いな子供が農家でトマトの収穫を手伝うように、英語が苦手な人が擬似的に英国に留学するような体験をすることで、必ず英語の苦手意識は払拭することができる。

この『Longman Dictionary of Contemporary English』は、英語を母国語としない人が英語を勉強するのに適した辞書だ。単語の説明に使われている語彙数が制限されていて、とても平易な説明がなされている。もちろん英語が苦手な人だけではなく得意な人にもお奨めしたい。大学受験以降も英語の勉強は大切だ。そういう意味で一生使える辞書であることもつけ加えておく。

数学……理解することよりも訓練がモノを言う

数学苦手の3タイプ

数学ができないと一言で言っても、その内容はさまざまである。たとえば教科書は理解できるのに定期試験で点が取れないのか、定期試験で点が取れるのに模擬試験で点が取れないのか、あるいは模擬試験会場で解けなかったのに部屋に帰って解いてみるとできるのか、すべて理由が異なる。

教科書が理解できるのに定期試験で点が取れないのであれば、それは問題集を地道に自分で解くという訓練が足りないからだ。だから毎日少しずつ問題を解いていく。できれば1日5問ずつぐらい解くのが望ましい。すなわちこのケースは努力でどうにかなる。

ただし中には「問題集を毎日地道に解いているのに点が取れない」という人もいるだろう。それはおそらく問題の解き方が悪い。問題集の例題を見て、その類題を毎日解けばよいのだが、その際に例題を見ながら解くクセがついていないだろうか。あるいは、問題を少し見ただけでわからないと、すぐに答えを見てしまわないだろうか。問題を解くときは、何も見ないで解けるようになることが重要だ。

定期試験で点が取れるのに模擬試験で点が取れないのは、少し前に習った分野を忘れているからだ。この手の人は毎日解く問題の選び方が悪い。学校の試験範囲ばかりやっているからそういうことになる。少し前に習った範囲の問題も1〜2問混ぜて解くことが重要だ。ただし「思い出したらすぐに点が取れる」ということでもあるから、入学試験ではあまり心配しなくてよい。

模擬試験会場で解けなかったのに家に帰ってみたら解ける、というのは誰にでもよくあることだが、これは自分の気の持ち方がよくない。数学というのは、絶好調のときにはけっこう難しい問題でも解けるし、不調のときには簡単な問題でも考えこんでしまうものだ。だから模擬試験会場に出かける前に、調子がつくような問題を解くようにするとよい。たとえば自分の得意分野の問題とか、最近学校で習ったばかりの問題とかである。

できない人は練習が足りない

結局数学という科目は「問題が解けてなんぼ」の世界なのだ。理解することだけでは問題は解けない。理解した定理や方法を自分で問題に適用する訓練が必要だ。「こういうパターンはこうする」という訓練が足りない生徒は、ふだんは勉強せずに試験前だけ猛勉強してテストの点を取ろうとする。それがもっともよくない。

ともかく毎日5問、問題集の問題を解こう。それが多ければ毎日3問でもよい。毎日解かないとパターンは覚えられない。試験前に範囲の部分だけ短期集中で数学の問題を解くから、範囲以外の数学の問題のパターンを早く忘れてしまう。最悪の勉強法だといえる。それよりは、少しずつでも毎日解けば、長い時間忘れない。

数学が苦手だと思っている生徒の多くは、数学の実力がないのではなく、単に「正しい勉強の習慣ができていない」だけだともいえる。毎日少しずつ「例題を理解し、それを丸覚えして、そ

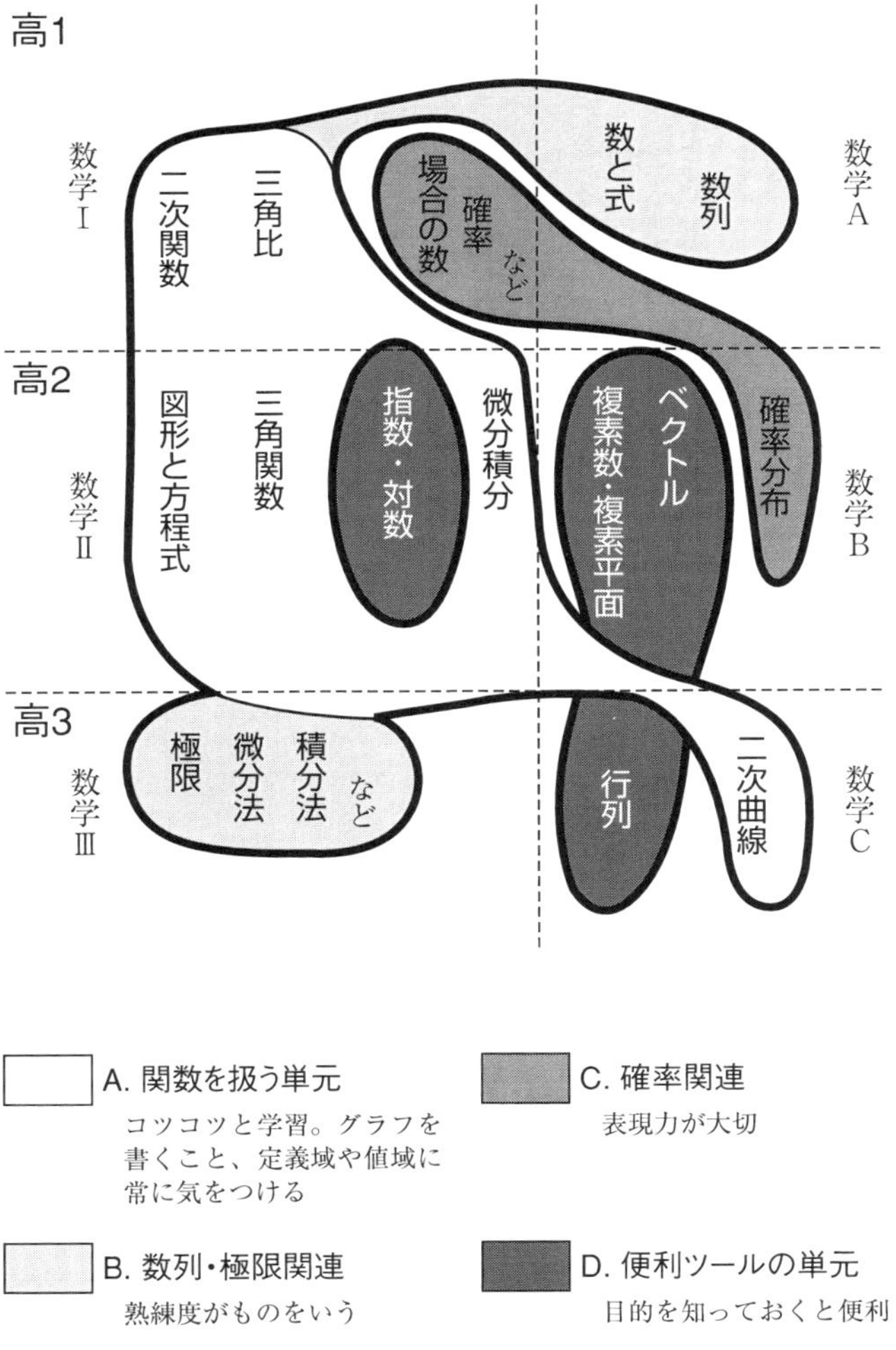
高1
高2
高3
数学Ⅰ
数学Ⅱ
数学Ⅲ
数学A
数学B
数学C
二次関数
三角比
場合の数
確率
など
数と式
数列
図形と方程式
三角関数
指数・対数
微分積分
複素数・複素平面
ベクトル
確率分布
極限
微分法
積分法
など
行列
二次曲線
A. 関数を扱う単元
コツコツと学習。グラフを書くこと、定義域や値域に常に気をつける
C. 確率関連
表現力が大切
B. 数列・極限関連
熟練度がものをいう
D. 便利ツールの単元
目的を知っておくと便利

高校数学における単元相関図

の類題を解く」という作業を繰り返す。そうすれば誰でも数学の基礎力はつくし、実力テストでも点が取れるようになる。

前ページに数学の相関図を載せた。自分が苦手な分野があるとすれば、それが何を意味するのか調べてみよう。たとえば数列ができないのなら「熟練が足りない」わけだし、確率ができないなら「表現力が足りない」わけだし、高校1年で習う2次関数ができないのなら「コツコツと勉強する努力が足りない」のだといえる。

じっくり腰を入れて地道につきあっていけば、驚くほど短期間で数学が得意科目になるに違いない。学問に王道はないが、高校数学の道のりは見かけほどに長距離ではない。

数学を克服するためのお奨めの参考書と問題集

『チャート式　解法と演習　数学Ⅰ』（数研出版）など

昔から多くの高校生に親しまれてきた「チャート式」シリーズだが、簡単なほうから順に白チャート、黄チャート、青チャート、赤チャートの4つの種類がある。この中でもとくに数学が苦手な学生にお奨めするのが、黄チャート（解法と演習）および青チャート（基礎からの）である。

数学の苦手な人には白チャートというのが定説のようだが、白チャートに載っている問題の多くは公式をそのままあてはめるような問題が多く、解いていてあまり面白くないばかりか、白チャートを1冊完全に理解したところで、理系学部の入学試験レベルにはまだ遠い。

その点、黄チャートや青チャートの場合、公式を使うだけの基本問題の他に入試問題なども多く掲載されているため、数学本来の「問題を解く楽しさ」を感じ取ることができる。また理系の大学に進学するなら、これくらいのレベルには到達しておいたほうがよいだろうし、攻撃的な学習を進める上でもこのレベルがちょうどよい。この1冊を仕上げるだけでも、大学入試にはかなり対応することができる。

黄チャートのもうひとつよい点は、1ページにつき例題1問、それに関連する練習問題1問というパターンで貫かれていることだ。分量的にそろっているので、毎日の学習のペースを保ちやすい。問題数は、たとえば数学Ⅰの場合だと約350題なので、1日5問でも70日で1冊を仕上げることができる計算になる。このペースでいけばかなり早く数学を勉強することができる。1年間で、高校で習うすべての数学の分野を修得してしまうことも夢ではない。学校で習うのを待たずに自分でどんどん先に進んでいくことで、畑のトマトを自分で収穫する楽しさも味わえる。

『オープンセサミシリーズ　数学ⅠA問題集』（七賢出版）

医療看護系進学に強い東京アカデミーによる編集だけあって、このオープンセサミシリーズはこうした学校の進学に特化した非常に効率のよい問題集だといえる。

例題や練習問題もすべて医療看護系学校の入試問題ばかりで構成されていて、入試に出題されるパターンをほぼまんべんなく網羅している。例題が豊富に掲載されていて字も大きくて見やすく、内容的にもパターンを踏襲すれば解ける問題が多いため、かなりのスピードで勉強していくことができる。一見分厚い問題集だが、1冊を1ヵ月程度で仕上げることもじゅうぶん可能だ。

ただし、この問題集はあくまで医療看護系の受験勉強用に特化して作成されている。医療看護系進学のために短期間で実力をつけたいという用途には非常に有用だが、理工系の大学受験勉強用には少々物足りない感は否めない。

国語……勉強の方法がわかれば成績アップ

できないのではなく、勉強法を知らないだけ

国語が苦手だ、という理系の生徒は多い。しかし理系志望でもとくに国公立大学志望の場合など、そんな悠長なことを言っていることはできない。国語ができないために志望大学に進学でき

ない生徒はけっこう多いのだ。

まず現代文についてだが、今読んでいるこの本の文章が理解できるのであれば、そこそこ平易な現代文を読む国語力はあるはずだ。だから多くの高校生が「自分は現代文は理解している」と考える。それはあながち間違ってはいない。

しかしそこに落とし穴がある。すなわち「自分は文章を読んで理解することができる」という意識が、国語の点数を下げることになる。たとえばセンター試験の場合、ある程度本文を理解して選択肢を選ぶだけだから答えた気になる。でも間違えてしまう。国語が苦手な学生のほとんどが体験する現代文の「誤答パターン」だ。そうやって誤答を繰り返しているうちに、「自分は国語力がない」と思いこんでしまう人も多いのではないだろうか。

こういう場合、たいていは各選択肢の微妙な違いに気づいていない。本文や選択肢の表面的な意味だけを理解して、論理的な思考方法で考えずに解答するため、出題者の用意した落とし穴に引っかかる。

つまり、現代文の問題集や参考書でちゃんと勉強していない生徒があまりにも多いということだ。現代文にもちゃんと解答のコツがあり、手法があるのであって、そういう練習をせずに試験に臨んで点数がとれないのは、ある意味当然の結果だといえる。

だからちゃんと現代文の参考書や問題集を地道に解く。必ずそれなりの点数が取れるようになる。現代文が苦手だという人へのアドバイスは、「ちゃんと問題集を買ってきて勉強しなさい」ということに尽きるのだ。もし自分でうまく勉強する自信がないのであれば、予備校や塾などに通うという手もある。

古文・漢文はまず暗記

古文に関しては英語とほぼ同じことが言える。まずは文語文法を徹底的に覚える。この際に口調（リズム）で覚えることが大切だ。「助動詞る・らる、は受身、尊敬、可能、自発」とか「係結びをする係助詞は、ぞ、なむ、や・やは、か・かは、こそ。こそは已然形、それ以外は連体形」などと、口に出してひたすら覚える。ちょっとしたお経のようなものだ。

また、それと並行して例文をどんどん覚える。「男もすなる日記と言ふものを女もしてみむとてするなり」などの例文が、たとえば助動詞「なり」とか意志の助動詞「む」などの説明のところに出てくる。それを暗誦して意味と文法を押さえておく。これを通学のバスや電車の中で思い出すだけでも、どんどん実力がつく。

文法的な裏づけなしに古文を読むのは無謀だといえる。たいていは、すらっと読んだだけでは意味が取りにくいような箇所が問題になるのだから、文法的に緻密な読み方ができないと、少し難しい問題が出たとたん対処できなくなってしまう。

漢文も古文と同様で文法が大切だが、こちらは基本的な文法自体がそう分量も多くないので、学校の授業を確実に聞くだけでじゅうぶんだ。「この漢字はこういう意味で、こう読んで、こういう順番で下の字にかかる」というようなことを、ひとつひとつじっくりと覚えていく。

ともかく古文も漢文も、文法をひととおり勉強した後は、それをおさらいするような問題集や参考書をじっくり地道に勉強する。それからふつうの問題集に移る。入試問題をいきなりやってすぐにできるものではないが、文法を完全に理解するだけなら1～2ヵ月もあればかなりのレベルに達する。それから実際の問題にとりかかれば、意外とすらすらと文章が読めるものだ。

国語を克服するためのお奨めの参考書と問題集

『古文研究法』（洛陽社）

分厚くてどことなく古くさい感じのする参考書だが、最近流行の「実況中継」の雰囲気にも通じるところがあり、ページ数のわりには意外とすらすら読めてしまう。

ただし、単に目で追って読んでいるだけでは実力にならないので、その説明の途中に例題が出てきたら、答えの部分を下敷きなどで隠してノートに解いていくとよい。そして、解いてからその解説を読むようにする。そうすることで、ともすれば読み過ごしそうな重要な部分を見逃さずにすますことができる。

理系の学生の場合、入学試験に古文がなかったり、あっても配点が非常に低かったりして、古文をわざわざ勉強しようという気にならないという現実もある。そういうわけで、できるかぎりこの参考書を高校1年か2年の間に読んでしまうとよい。前半を読むだけでも相当の学力を見込むことができる。

そもそも現代文と古文を比較した場合、古文はいったん勉強してしまえば着実に点数が取れる科目でもある。文法をしっかり押さえておけば、そう大きく間違えることがないからだ。そんなわけであえて古文の参考書を挙げた。

日栄社の問題集シリーズ

日栄社の問題集のシリーズでは現代文、古文、漢文それぞれ多くの種類が用意されている。前出の『古文研究法』とは対照的に1冊がかなり薄く、1日2ページのペースでも1ヵ月で仕上げることができる。

テーマごとに1冊になっており、自分の苦手な分野を選んでどんどん勉強していける。たとえば「古文の文法が苦手だ」と思ったら『古典文法』というのもある。書き込み式になっているが、間違えた問題をもう一度復習する意味でも、できるかぎりノートに解いていくのがよい。

計画が立てやすく作ってあるのも非常に勉強しやすい。もちろん使い方も自由だ。毎週日曜日に5日分をやっていくとか、毎日1日分をやっていくとか、ともかく計画的に使えるのが素晴らしい。

なお、日栄社のシリーズは英語の問題集も優れている。短期間でそれなりの実力をつけたいときにお奨めだ。

理科……ポイントは手と頭を使ったイメージ学習法

理科はそれぞれ微妙に勉強法が違う

理系志望で理科が苦手だという人は少ないであろうが、2科目勉強してみて、片方にくらべてもう一方の点数がよくない、というようなことはあるだろう。それは当然のことだ。なぜなら物理、化学、生物、地学の各科目ごとに特色があり、なかなか同じように勉強していればよいというものではないからだ。

次にあげる図は、理科4科目の分野相関図である。見てのとおり、各科目ごとに要求される能力が微妙に違うことに注目してほしい。この違いがあるからこそ、理科は科目ごとに少し勉強法

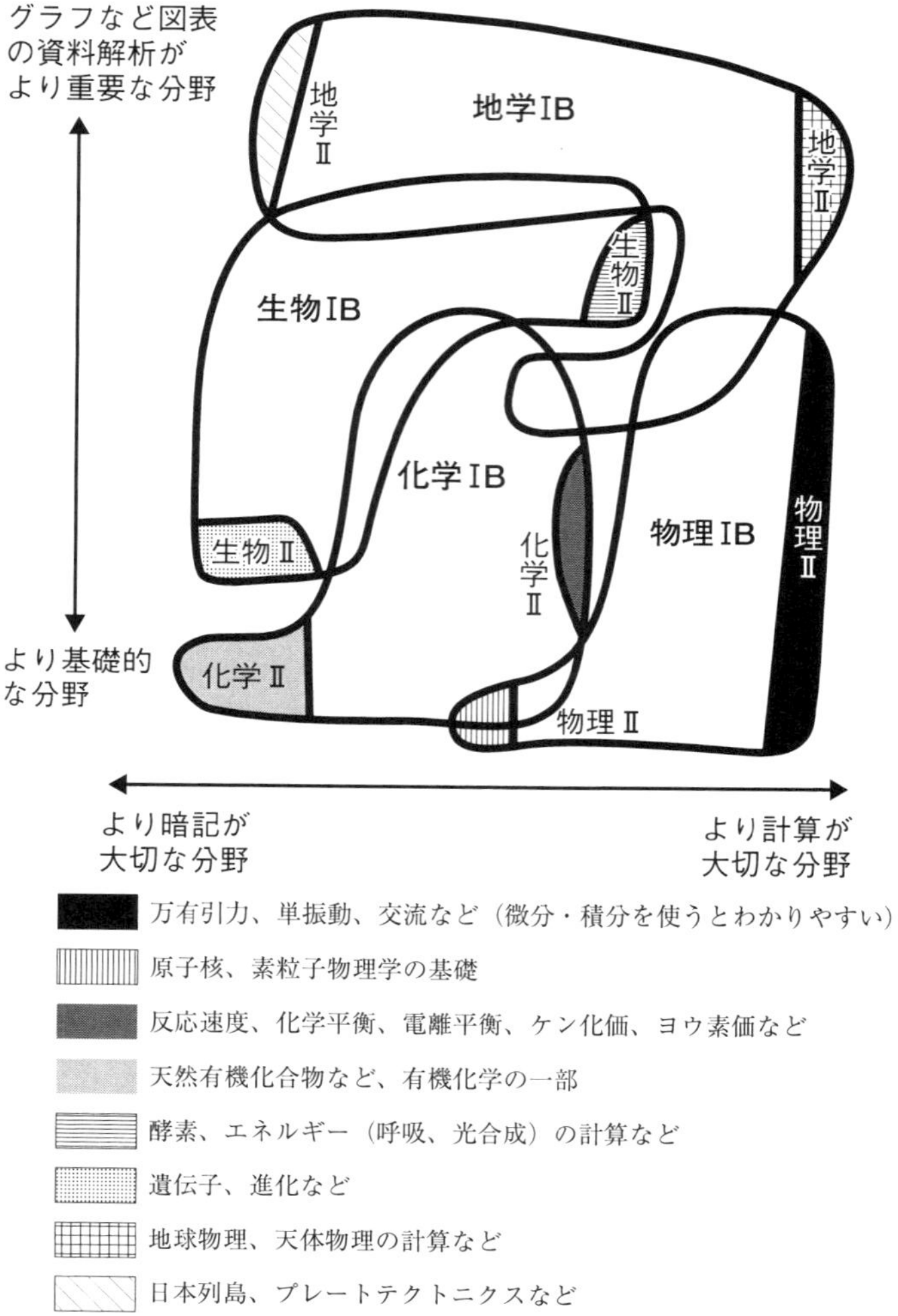
グラフなど図表
の資料解析が
より重要な分野
より基礎的
な分野
地学Ⅱ
地学IB
地学Ⅱ
生物Ⅱ
生物IB
化学IB
物理IB
物理Ⅱ
化学Ⅱ
生物Ⅱ
化学Ⅱ
物理Ⅱ
より暗記が
大切な分野
より計算が
大切な分野
万有引力、単振動、交流など（微分・積分を使うとわかりやすい）
原子核、素粒子物理学の基礎
反応速度、化学平衡、電離平衡、ケン化価、ヨウ素価など
天然有機化合物など、有機化学の一部
酵素、エネルギー（呼吸、光合成）の計算など
遺伝子、進化など
地球物理、天体物理の計算など
日本列島、プレートテクトニクスなど

理科4科目の分野相関図

を変える必要がある。

しかしその一方で、どの科目にも「表や実験の内容を読み取る力」が要求されている。したがって、教科書で見たことがあるような問題は誰でも解けるが、教科書にあまり紹介されていないような実験や観察の様子を読んで答えるような問題で差がつく。この手の問題を理解するためには、表面的な法則や公式を覚えるだけでは対処できない。法則や公式自体を深く理解しておくことが大切なのだ。

簡単な例でいうと「炭酸カルシウムに塩酸をかけると二酸化炭素が出てくる」と覚えるだけではだめ、ということだ。こういう覚え方をしていると「炭酸マグネシウムに塩酸をかけたら何が出てくるか」という問いに答えられない。ちゃんと化学式で反応を理解して、さらにカルシウムとマグネシウムが同じようなものだ、ということを覚えておかないといけない。

理科実験の作業というのは次の3段階で成り立つ。

1. まず実験や観察を実際に行う。
2. その結果を正確に記録する。
3. そしてその結果がなぜ起こったかという原因を説明する。

理科の試験問題というのは、たいていこの3段階を意識して作られる。実験や観察を描写した文章の後でその結果を予期させたり、さらにはその原因を説明させたりするわけだ。

こういう問題に答えるのに、法則や公式だけを覚えることがいかに的外れな勉強法なのかは、わかるだろう。すなわち多くの実験とその結果を読み、その原因を理解する。この作業を地道に繰り返すと、必ず理科の成績は伸びる。

それゆえ、理科の勉強の出発点は、参考書を1冊かみくだいて読むことだ。読みながら、その中に出てきた実験や観察を頭の中で想像してみる。たとえば物理で弦の振動の部分を読んだら、弦の振動するシーンを想像してみる。化学で分子の成り立ちを習ったら、陽子と中性子からできている原子核のまわりを電子が回っているシーンを想像してみる。

とはいえ、なかなかそんなシーンを想像するのは簡単な作業ではない。なにかよい手はないだろうか？

理科克服の秘策、イラスト勉強法

友人から聞いた話だが、マンガ家には理科が得意な人が多いそうだ。マンガを描くという作業は、ストーリーを考えてそれを忠実に遂行していく「企画力」、読者の反応を正確に予期してストーリーを組み立てて行く「洞察力」、それを絵とセリフで理論的に説明する「表現力」の3つが必要だ。そう考えてみれば、さきほどの理科実験の3段階のすべてを行うマンガ家が理科に強いというのは、当然のことなのだ。

月着陸船のようなT—ファージの形、大聖堂の天井から吊り下げられたフーコーの振り子、ビッグバン以来膨張しつづけている宇宙、すべては忘れたくても忘れられないインパクトがある情景なのだ。こういう情景をノートにまとめることで、頭の中に焼きつけていく。

結局、理科を文字で理解しようとするから覚えられないわけであって、画像で理解すれば単純な話なのだ。それと実際に覚えた用語や公式（計算式）との対応づけをすることが理科の勉強だといえる。これで授業の理解度もかなり高まるし、受験のための実力もかなりつく。逆にそれをしなければ、理科は勉強する意味がない。

次ページの問1を見てほしい。このような問題を解くとき、たいていノートには答えだけを書く。もし間違えていたら「ふんふん、花粉細胞が最初に2つに分裂するときに染色体数が半減するのか。そのときに染色体の数や形がはっきり観察できるんだな」ぐらいしか思わない。

しかし、ここで終わってはいけない。その次のページのように、自分の手でイラストをノートに写しまとめていくのだ。こうすることで、たとえば問2のような自分で図を描く問題にも対応できるようになる。理科という科目は、このように自分でイラストを描いて説明できる能力がたいへん重要なのだ。

問1　次の図は被子植物の花粉の形成過程を模式的に示したものである。下の問いに答えよ。

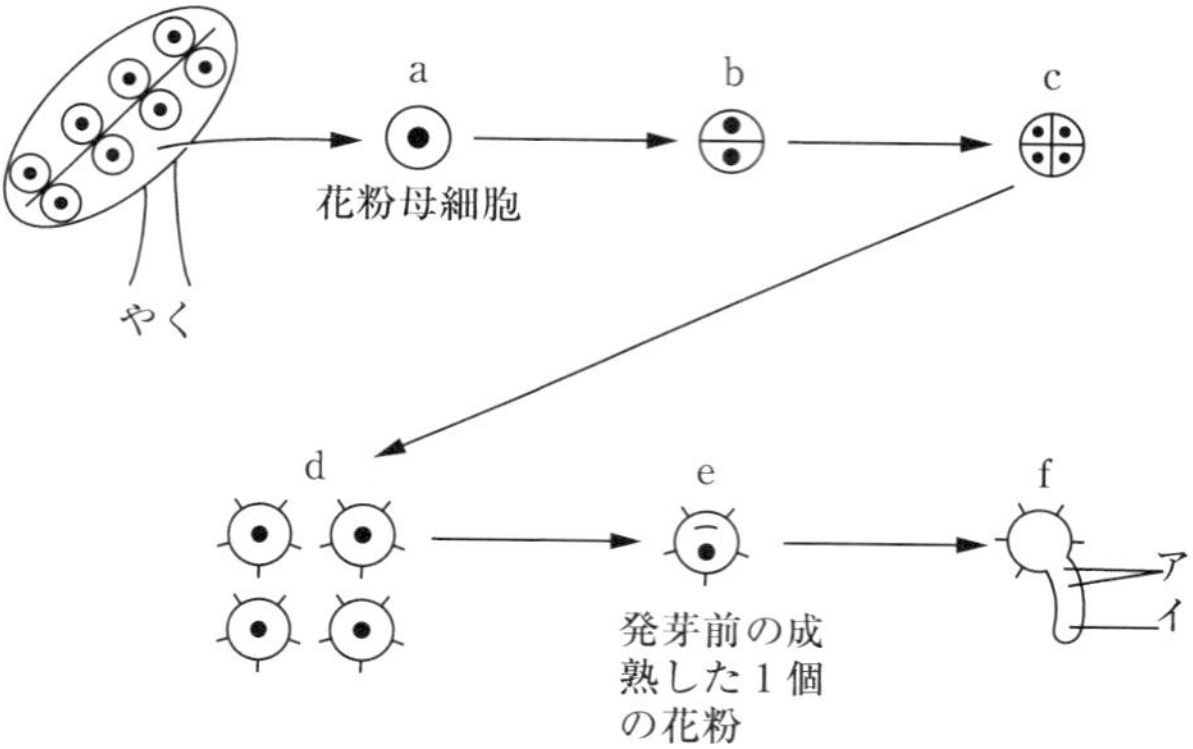

(1) a〜e期で染色体数が半減するのは、どの時期とどの時期の間か。f〜gのように記号で答えよ。
(2) a〜e期で体細胞分裂と同じ分裂法をとるのは、どの時期とどの時期の間か。記号で答えよ。
(3) a〜e期で染色体数や形がはっきり観察できる時期は、どの時期とどの時期の間か。記号で答えよ。
(4) f期のアとイはふつう何と呼ばれるか。

(長崎大)

問2　右図は動物の生殖細胞形成の模式図をかき始めて、未完成のものである。その次の諸段階をかき加えて、模式図を完成せよ。なお、各細胞の名称を、たとえば「精原細胞」のように書き入れよ。

(慶大・医)

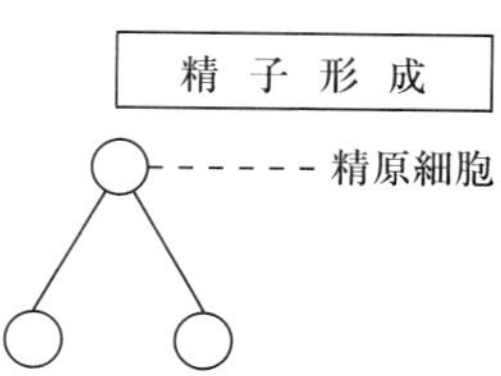

理科の問題例

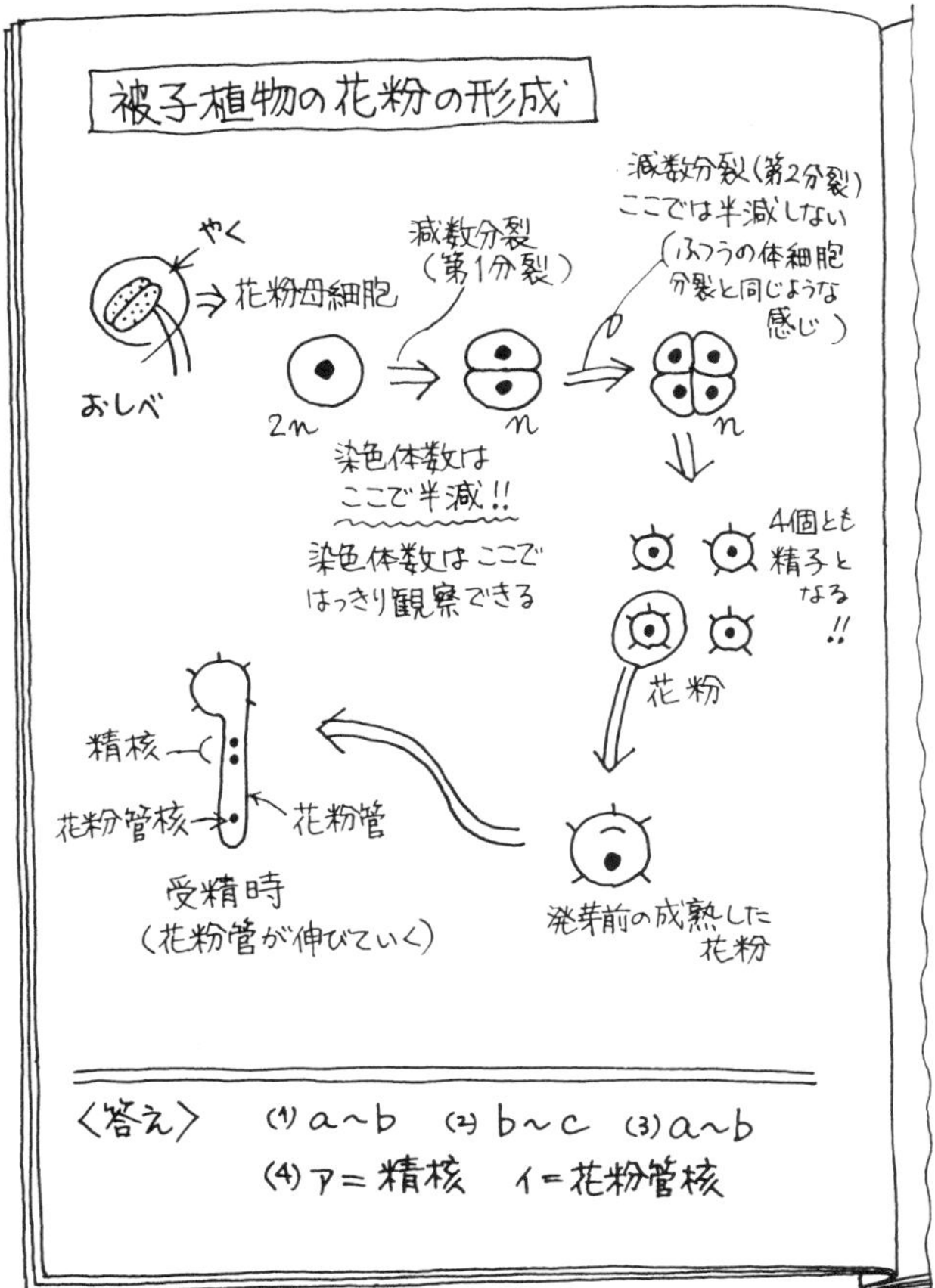

イラスト勉強法でのノートのとり方

もちろん文字や数字で暗記すべき内容もあるから、たまには友人や家族などに問題を出してもらう。「この参考書の中から問題を出してくれる?」などと言って頼む。もちろんそうやって頼めるぐらい、参考書の内容をよく読んでおく。こういう練習が理科の場合非常にものをいう。

じつは大学生になっても社会人になっても、その勉強法は基本的に変わらない。内容のない本を何冊もやるより、自分に合った1冊の参考書を見つけ出して何度も読みこむことは、理科だけでなく国語の勉強にもなる。そして文字ではなくてイメージで理解する。将来どんどん新しい知識を吸収していかないといけない理系の人間にとって、この勉強法は高校生のうちに必ずマスターしておくべき技術なのだ。

こういう実験や観察をイメージで捉えて理解するのを前提として、それ以外に大切な勉強法は科目ごとに異なる。順に見ていこう。

物理

物理の場合、教科書や参考書の式の変形を自分でどんどん進めていく能力が必要だ。そのためには、やはり問題集をどんどん解くにかぎる。物理の問題は数値を代入する問題と、登場する定数をすべて文字で表す問題の2通りあるが、正直なところ数値を代入するのは後の話であって、とりあえずは文字式の変形方法を覚えるとよい。

教科書や参考書の式の変形を覚えた後、今度はそれを見ずに書くという地道な作業で実力がつく。そのためには、やはり問題集を買ってきて自分で解いていくのがいちばんだ。典型的な式変形の穴埋め形式の問題集もあるので、そういうものを解いていってもよい。うまくできなかった問題に印をつけておくのは他の科目と同様である。

「式変形ばかりできても、本当に物理を理解したことになるのか？」という疑問があるかもしれない。そのとおり。式変形だけで物理を理解したことにはならない。実際には、その式変形で導かれた結果が本当に正しいのか、実験などで実証するべきだ。

しかし、実際の物理の試験では、「物理」がわかっていなくても「式変形」ができれば点数の取れるような問題が多い。なぜなら、物理とは基本的には「物の理《ことわり》」を勉強する科目であって、物体や波やエネルギーがどういう理論で動くのか、を知ることが重要な学習の目的だからだ。その重要な手段が式変形なのだ。すなわち式変形は物理学の真髄といえる。

化学

化学は勉強量に比例して成績が伸びる。その点で英語と同じような科目だといえよう。「勉強量と成績があまり比例しないヒネクレもの」の数学なんかにくらべると、かなり素直な科目であるといえる。

じつは「英語と化学が得意」という生徒はけっこう多い。それはちゃんと勉強している証拠だ。覚えることも計算も多くて慣れがモノを言う科目なので、とりあえず毎日でも少しずつでいいから、教科書や参考書を深く読みこんで、暗記項目は軽視せずに勉強していくと必ず実力がつく。まずは周期表をよく読んで覚えるところに始まり、各元素や基の性質を反応式などで押さえていく。化学の場合、これらの内容は中学校で履修するので、苦手な人はそこまで戻ってやり直すことも必要だ。この点でも、文法のほとんどを中学校で履修する英語とよく似ている。

化学の場合、各化合物ごとに性格がある。「この化合物はあまり他のとくっつかない、これは何とでも反応する、この化合物はいつもこっちの化合物とくっつきたがる……」というふうに、化合物ごとの性格がだんだんわかってくると、これはまるで幼稚園の先生が「この子はおとなしい、この子はやんちゃ、この子とこの子は仲がいい……」と言っているようなもので、けっこう楽しくなってくるものだ。

言いかえれば、化学を楽しいと思えない原因は基本的なところを理解していないところにある。だから、ともかく化学が苦手な場合は理解できるところまで立ち戻り、教科書や問題集を引っ張り出して勉強してみる。それが完全に理解できてから高校用の参考書を見れば、意外にすらすらと頭に入るものだ。努力さえすれば必ず化学は「得意科目」になる。

生物

生物では観察が重要だ。生物の場合、子供のころから身の回りの生き物を観察することができるので、小学校のときから生物の勉強は始まっているということもできる。小さい頃から生物が好きだった生徒は、たいてい生物という科目は得意なものだ。その調子で勉強すればよい。

生物を意識して好きではなくても、我々自身が生物なのだから、誰もが興味を持ちやすい科目でもある。最近ではバイオブームで生物・医学系の研究がかなり盛んだし、社会人になってからそういう本を読んだりテレビ番組を見たりすることはじゅうぶんに考えられる。将来生物系の研究者になる人は多くないかもしれないが、今勉強している生物の内容にいつかは遭遇するものだ。

一方、生物は暗記量が多い。参考書を１冊でも読みこなし、名称などをしっかり暗記することが必要だ。たとえば「ＤＮＡの４種類の塩基を覚えて何の意味があるの？」という疑問が起こるかもしれないが、後に大学や会社の研究室でそういう名前が出てきたときに、それを知っているだけでもかなり助かる。

実際には、それがどういう単元のどういう関連で出てきた名称か、ある程度は覚えているものだ。何年も後になって、突然「アデニン」という言葉が大学の先生やテレビ番組の司会者の口から出てきたとき、イメージが膨らむか膨らまないかは大きな違いである。それは見たこともないような生物の名前を覚えるときもまったく一緒である。

そういう点は社会科とよく似ている。暗記物の科目だといわれることが多い「生物」だが、暗記することはイメージを頭の中に作り上げることでもある。できるかぎりマンガを読むような感じで、図や表を使って覚えるようにすることは、前にも述べたとおりだ。すぐに忘れてしまう部分もあるが、何度も頭の中で反復しているうちに、大切なことはむしろどんどんイメージが膨らんでいく。

もちろん生物でも、遺伝などではちょっとした計算問題があるが、ある程度の知識を得たら、あとは考える力が試される。そういう分野は問題を解いて慣れ親しんでおく必要がある。

地学

地学は暗記あり、計算あり、図表ありの理科のデパートのような科目だ。かなり他の理科の科目と重なる部分もあり、勉強していて楽しい科目だともいえよう。生物と同じく身の回りの観察がかなりモノを言う科目でもあり、とっつきやすいのも魅力である。

ただし、実際の地学の問題はいくつかの図表を見て答えを導くようなものが多く、一筋縄ではいかない内容が多い。テストで点を取るためには、多くの問題に当たる必要がある。論述力、応用力、洞察力というような総合力を見る科目だともいえるので、とにかく参考書を1冊、図表を見て考え、自分でまとめたりするような練習が功を奏する。

というわけで、理科の4科目について簡単に勉強法をまとめてきたが、いずれの科目にしても地道に取り組めばそんなに分量が多いというわけではない。じっくり着実に内容を理解していこう。

理科を克服するためのお奨めの参考書

『体系新物理ⅠB・Ⅱ』（教学社）

物理というのは本来、実験などを通して法則を見つけ出し、それがどうしてそうなるのかを考える学問だといえる。しかし現状の高校物理は法則を暗記し、それをどういうふうに使うかということに主眼が置かれている。すなわち、物理学で最も大切な「法則を導き出す」部分を勉強しないで試験を受けようとしている生徒が多いのだ。これでは見たことがないような問題に対処できず、物理が苦手になるのも無理はない。

そういう意味で、この『体系新物理』は他の問題集と一線を画している。物理が苦手な生徒にも得意な生徒にもお奨めの1冊だ。自分で有名な法則を導くような問題が多く掲載されており、単に入試問題を並べてあるだけの問題集とは明らかに異なるのだ。高校の範囲を少し越えた部分もあるが、この問題集で慣れておけば少々の難問でもじゅうぶん太刀打《たちう》ちできる。

この問題集を何度も繰り返すことで、物理のどんな試験にも対応できる実力がつく。物理が苦手な生徒が物理を得意科目にするためには最適な問題集だ。3ヵ月もあれば1冊を終えることができるので、勉強の計画も立てやすい。高校3年の2学期から始めても、じゅうぶん受験に間に合う。全理系学生にお奨めの1冊だ。

『基礎からよくわかる物理ⅠB』など「基礎からよくわかる」シリーズ（旺文社）

すでに書いたように、理科というのはイラストや図が多ければ多いほど効率よく学習を進めることができる。本来なら自分でイラストを描いていくことで理科の勉強ができるとよい。しかし、どういうふうにイラストを描いたらいいのかわからない読者も多いに違いない。

この「基礎からよくわかる」シリーズにはカラーのイラストがふんだんに織り込まれており、ふつうの白黒で印刷された教科書よりも、イラストや図を印象的に覚えることができる。イラストを自分でうまく描くことができなくても、理科を効率的に勉強していけるというわけだ。わかりやすいイラストの描き方という意味でも参考になる（もちろんカラーのイラストが多いぶん、値段も少し高めだが）。

この参考書のイラストや図を目に焼きつけながらじっくり読んでいくといいだろう。1冊を読むのに2週間もあればじゅうぶんだ。これだけで、苦手と思っていた理科が案外簡単な科目であることに気がつくはずだ。

ただしこのシリーズはⅠBの範囲だけで、Ⅱの範囲はカバーしていないうえ、練習問題が少ないことなどから、「この1冊だけで受験勉強まで万全」という性格のものではない。あくまで苦手科目の克服や未習部分の先取りなどの用途に使うのが効果的だ。

社会……膨大な暗記量をいかに克服するか

意外とやっかいなセンター試験対策

国語と同じく、社会が入学試験で必要な理系学生はたいてい国公立大学の志望者だろう。しかも2次試験で社会が課されることはほとんどないので、センター試験対策ということになる。ただし、2次試験が小論文の場合などは時事ニュースをよく理解して、それについての自分の意見をまとめておくことが必要だ。

じつは受験生にとっては、文系の難関大学のように2次試験で社会を課されるほうがずっと気が楽だ。なぜなら2次試験の社会の試験は論述問題が多いので、大筋さえ理解していればあとは論述力の勝負となる。センター試験の場合は大筋だけではなく、すべてのことがらを正確に記憶していないといけないので、配点によっては理系学生の方が社会の勉強量が多くなることすらあるといってもよい。

そういう意味で、理系の社会の勉強は記憶力の勝負となる。だからセンター試験で社会が苦手な人の悩みは、たいてい「覚えられない」ということに尽きる。たとえば世界史で暗記すべき量は膨大だ。人名、年代、国名など、ふつうに考えたら尋常な量ではない。他の科目でも程度の差こそあれ同様だ。授業だけ聞いていてすっと覚えられるものではない。

覚えられないもっとも大きな原因は、第一に「メリハリをつけずに覚えようとしている」ことにある。流れもわからずにすべてのキーワードを同じ重みで覚えていくのは無謀だ。社会の暗記に苦しんでいる多くの理系学生にこのような傾向が見られる。

だからまずはざっと教科書を読む。歴史の教科書は1冊の壮大な小説、地理の教科書は1冊の壮大な紀行文、現代社会の教科書は1冊の壮大な新聞記事だと思えばよい。そういう感じで読んでいけば、とりあえず大切な言葉はすぐに覚えてしまうだろう。

歴史にしろ、地理にしろ、現代社会にしろ、授業を受ける前にキーワードをある程度知っていることで、かなりスムーズにいろいろなことが頭に入る。だから最初から多くの用語を順番に覚えるのではなく、まずは本当に大切な用語だけを追うような感じでさっと教科書を読めばよい。たとえば世界史なら、文明の始まり、ギリシャ・ローマ、古代中国……、というふうに、どういう時代のどこの地域がどういう状態だったか、を逐一押さえていくのだ。

イメージをふくらませると覚えやすい

理科の生物の項でも少し書いたが、社会においてもイメージによる勉強法はかなりの効果を発揮する。社会の場合、理科と違ってかなり人間的なドラマが展開されている。たとえば世界史でいうと、マリー・アントワネットが処刑されても、中国で科挙の試験が行われても、その当時はかなりのインパクトがあったはずだ。

社会の教科書や参考書、図録などには、多くのそういう歴史的な事件を描いた絵や写真が載っている。そういう図を頭の中に記憶することだ。仮にボストン茶会事件の絵が載っていたら、船から海に放りこんでいるのは何か、いつ誰がなんのためにそんなことをしているのか、この事件がその後どう発展したのか、というようなことを結びつけて覚える。

教科書の文章では大切な事実があっさり書かれていたり、割愛されていたりすることもある。自分からどんどん絵や図や写真などを探し、頭の中に焼きつける努力が必要だ。人間の頭というのは、文字で覚えるよりもイメージで覚えるほうが得意なようにできている、ということを知っておこう。

そういう意味で、社会の苦手な人は教科書だけではなく、参考書や新聞・雑誌などをふだんからいろいろと読むことを心がける。そうすれば膨大な数の事項が頭にすらすらと入ってくる。とくに小論文などが入学試験で課される学生の場合、ふだんからこういうことをやっておかないとなかなかいい文章は書けないだろう。

また、理科系の学生にとって社会の勉強が非常に重要であることも忘れないでほしい。何が正しくて何が間違っているのかを見極めるすべを知っておかないと、理系の学生は時にとんでもない悪事に自分の能力が利用される可能性があるからだ。犯罪宗教団体や国家ぐるみの犯罪など、理系の能力を利用しようとしている悪者が社会には驚くほど多い。このことを知っておく意味でも、「社会」という科目の勉強は重要だ。

社会を克服するためのお奨めの参考書

『詳説世界史ノート』など「詳説ノート」シリーズ（山川出版社）

社会科は暗記が命なのだが、ポイントを押さえて覚えないとなかなか大変だ。この「詳説ノート」

シリーズでは、ポイントが非常にうまくまとまっており、その点うまく勉強していくことができる。いろいろな使い方が考えられるが、次のようにすると効果的だ。まず解答冊子を見ながら鉛筆で各ページ欄外の解答欄に解答を書き込んでいく。このときにただ単に書き込むだけではなく、話の流れを理解しながら書き込む。この作業だけでもそれなりの時間がかかるが、重要な語句を手を使って書くわけだから、ひととおり覚えることができる。各章ごとにちょっとした設問もあるが、それらは後回しでもよい。

すべて書き終えたら、実際にその欄外を下敷きなどで隠して覚えていく。口でブツブツ言いながらそらんじていくとよい。このときは設問もやっていく。こうすれば、意外に短時間でポイントを押さえた暗記ができる。また図や表も効果的に挿入されており、効率的な暗記が可能だ。

ともかく社会科で「うまく暗記ができない」という人にはうってつけのワークノートだといえる。学校の定期試験などでも使えるし、このワークノートと教科書などの文章を併用すれば、授業を理解する上でもかなりの効果を期待できる。

『実力アップ（基礎）世界史B問題集』など「実力アップ（基礎）」シリーズ（旺文社）

山川の「詳説ノート」シリーズや「一問一答」シリーズなど、暗記のポイントを押さえた効率的な問題集が多いが、センター試験もこれ1冊でじゅうぶん、というぐらい分量もあるため、ほんのすこしだけサラッと勉強すればよい学生には量が多すぎる難点がある。

そういう学生にお奨めなのが、この「実力アップ（基礎）」シリーズだ。かなり分量が少なく、本当に基本的なポイントが一問一答の穴埋め形式で並んでいるだけのシンプルな問題集だ。これでとにかく重要な単語を覚えていけば、そこそこ流れも理解できるし、かなり短時間でひととおり押さえることができる。

なお、このシリーズは社会科だけではなく、理科の中でも暗記量の多い生物や地学にも有効だ。ただし図やイラストがほとんどないので、重要な語句を覚える用途に用いるのが適切だといえる。


以上、各教科について理系学生のための苦手科目を克服するコツを述べてきたが、細かく言えばもちろんケースバイケースで一言ではなかなか語り尽くせない。だがとりあえず言えることは、この章の最初にも書いたように、どの科目も攻撃的に（積極的に）勉強すべきだということだ。

理系の受験勉強はどんな科目でも必ず将来役に立つ。また、文系の学生のように「数学のこの分野は自分には関係ない、生物のこの分野は自分に関係ある」などと情報を取捨選択しないでよいぶん、受験勉強はしやすいということもできる。余計なことは考えずに全力投球でがんばれば必ず道は開ける。

第9章

塾、予備校、通信添削の活用法

自分に合った「勉強ツール」をみつける

ここでは「毎日どうやって勉強したらいいか」ということについて考えるのだが、たとえて言うと、それは「毎日どうやって（どういう交通機関を使って）学校に通えばいいか」というのとたいして変わりがない。

自宅と学校はたいていてい陸続きだろうから、歩きさえすれば誰でも学校に通うことができる。実際には距離が遠いので、電車やバスを使うわけだ。

同じように「自分の現在の実力」と「自分の目指す実力」を考える。「自分の目指す実力」というのも、自分で問題集を買ってきて勉強しさえすれば到達可能なはずだ。しかし実際にはその道のりにいくつかのポイントがあったり、自分ひとりだとペースが保てなかったりするので、結局学校や塾などの世話になる。

あまり選択肢がない場合はそんなに悩む必要はないわけで、選択肢が多いからこそ悩むことになる。そういう意味では「ぜいたくな悩み」だともいえる。

さて、高校生が勉強するときにどんな勉強手法があるか思いつくままにざっと挙げてみると、学校の授業、塾や予備校、家庭教師、通信教育（郵便、テレビ、ラジオなど）、自宅学習ということになろう。他にもあるかもしれないが、だいたいはこれらの変形バージョンだ。

そこで、これら「勉強ツール」をより集団教育に近いものから個人教育に近いものまで順に並べてみながら、交通機関にたとえてみると左のページの表のようになる。

こうしてみると、「塾に行く、行かない」などで悩んでいるときにも考えやすくなる。足腰が強い（自分でばりばり勉強できる）生徒ならば、鉄道と徒歩（学校と自宅学習）でじゅうぶんなわけだし、学校の勉強以外に何をしていいかわからない生徒なら、家計や生徒の実力や学校の進度を見ながらそれなりのことをしたほうがいい、ということだ。

たとえばA君は、学校の英語の授業にはついていけているのに、模擬試験ではあまり点が取れ

集団教育　より大人数、時間の融通がきかない

学校 ……▶ 全国規模の鉄道、JR
日本全国どこにでも行ける反面、ある程度のところまでしかたどり着けない。

予備校 ……▶ 私鉄、地下鉄
学校よりは規模が小さく自由だが、やはりある程度のところまでしかたどり着けない。

（小人数）塾 ……▶ バス
さらに規模が小さく自由。学校や大手予備校にくらべると少しは小回りがきく。

友達と一緒に勉強 ……▶ 友人の車
自由に勉強できるが、意志が弱いと寄り道しがち。

グループ授業 ……▶ 友人と一緒に乗るタクシー
かなり規模が小さく、ある程度リクエストもできる。少し値段が高い。

家庭教師 ……▶ ひとりで乗るタクシー
非常に融通がきく。家庭教師の質の差に左右される。値段が高い。

通信教育（テレビ、ラジオなど） ……▶ 原付
時間はある程度融通がきく。質問がすぐにできなかったりするのが難点。

通信添削 ……▶ 自転車
自分の都合のよい時間に勉強できる。値段は安いが足腰が強くないと疲れる。

自宅学習 ……▶ 徒歩
自由に勉強できる。足腰が強くないと疲れる。学習の基本スタイル。

個人教育　より小人数、時間の融通がきいて自由

勉強ツールを乗り物にたとえると…

ないとしよう。これを交通機関の例で言いかえると、「電車がある程度目的地の近くの駅まで運んでくれるものの、そこから目的地に行くまでの1キロほどの道のりが坂だらけで歩くと大変だ」といった感じの状況になる。

この場合は、駅から目的地にたどりつくのに自転車（通信添削）があればじゅうぶんなのか、ぜいたくにタクシー（家庭教師）を雇うのか、あるいはバスか地下鉄（塾、予備校）があるのならそれに乗るか、というふうに選択肢を考えることができる。「塾に行くか、家庭教師を雇うか」で悩む人は多いかもしれないが、「タクシーに乗るか、バスに乗るか、地下鉄に乗るか」で迷う人は少ないだろう。

そのときの天候や自分の調子、その他もろもろの条件を考えに入れ、ふさわしいと思うものを選べばよいわけだ。ただしタクシーに乗るなら信用できる人を選ぶべきだし、バスや地下鉄を使うなら路線や降りる場所を間違えたらいけないし、自転車ならそれなりに頑張ってペダルを踏まないといけない。それぞれ、それなりの注意点が存在するのも事実だ。

この章では具体的にいろいろな「受験ツール」について述べて行くが、自分の毎日の勉強パターンをいったん確立してしまえば後は悩むことはない。とくに勉強の分量の多い理系志望の場合、受験前の1年くらいは効率的にどんどん勉強していけるよう、勉強パターンを実行に移しておきたい。

通信添削での講座選択のコツ

通信添削のよい点、わるい点

高校生になると、通信添削のダイレクトメールがたくさん届くようになる。最初は「こんなの興味ない」と思っていても、だんだん学年が進むにつれ、まわりの友人たちが通信添削を始め出すと気になるのが人情というものだ。通信添削について少し考えてみよう。

通信添削のシステムは次のようになっている。まず最初に通信添削を申し込むと、ある期間定期的に問題が送られてくる。その問題を期限までに解いて送り返すと、２週間ぐらいでその答案が採点され、模範解答などとともに戻ってくる。ここまではどの添削でも大差はない。

全国の高校生が同じ問題を解いているわけだから、平均点や得点分布などがわかる。中には模擬試験のように詳しい偏差値や得点上位者の名簿を公開するものもあるし、単に点数だけというものもある。

通信添削の利点としては、好きなときに勉強できる、予備校などにくらべて比較的値段が安い、長時間拘束されない、という点が挙げられる。一言で言うと「気軽に手を出せる」ということだ。

しかし、その手軽さが逆に通信添削を活用する上で障害になることもある。忙しくなってくると「たかが通信添削」という気持ちが働いてしまい、だんだん期限に遅れるようになることが多い。結局は開封もしていない添削問題の山が積み上げられる、という話はあちこちで聞く。いくら塾にくらべて値段が安いとは言っても、それではお金を捨てているのとさして変わらない。

そこで、通信添削をうまく活用するコツを教えよう。具体的に考えるべきことは、「何を通信添削に望むのか」と「いつ通信添削の課題を解くか」ということの2点だ。

まず通信添削に対する要求は生徒によってかなり違う。「学校の授業についていけないので最初から復習したい」という復習希望なのか、「学校の授業が明らかにゆっくりすぎて困る」という先取り希望なのか、あるいは「学校ではあまり問題演習をしないので問題をたくさん解きたい」という問題演習希望なのか、それぞれ通信添削に対する思い入れは違うはずだ。だからまずそこをはっきりとさせる。

たとえば学校の授業についていけない生徒には、基本的事項のていねいな説明があるようなものがいいし、問題演習をたくさんしたい学生ならどんどん問題を送ってくるようなものがよい。通信添削のコースによって何を目標としているか違うので、そういうことを考えてから選ぶ。また通信添削会社によっても得意分野が違う。問題演習主体の会社もあれば、基本の復習に主眼を置いている会社もある。

通信添削会社は、「○○大合格者何人……」などと過去の実績で宣伝する場合が多い。しかし通信添削を選ぶ際には、そういうことは正直なところどうでもよい。それよりも自分の要求に合った通信添削を探すことが大切だ。

そこで各通信添削のパンフレットをよく読もう。かなり詳しくその通信添削のことが説明されているはずだ。そこから比較検討して自分に合ったものを選べばよい。ただし、パンフレットに載っているのと実際にやってみるのとは少し違うこともあるだろうから、とりあえず最初は1～2ヵ月分だけ申し込んで様子をみるという手もある。

上手な添削コースの選び方

大切なことは、添削のコース名に惑わされないことだ。一概には言えないが、通信添削の課題は比較的難しいものが多い。そういう難しい問題を解いてみるのもわるくないが、むしろ基本的な問題を着実に解いていくほうがよい結果を残す場合が多い。

たとえば○○大学に行きたいのに数学が少し苦手だとする。そこで通信添削を申し込もうと思ってパンフレットを開いてみると、「○○大学に行きたいのなら数学は△△コースを受講しよう」と書いてあるかもしれない。しかし△△コースが自分にとってベストのコースだとはかぎらないのだ。

むしろ基本をきっちりと勉強するほうがよい結果を生む。通信添削の課題はほぼ毎回60～80点以上の点数を残せるぐらいでないと、自分には難しすぎると思ったほうがよい。そもそもそれぐ

らいの点数が取れないと、やっていて楽しくないだろう。通信添削のコース選択のコツは、「見栄を張らない」ことであると言っても過言ではない。

実際に学校と通信添削だけで志望大学に合格する生徒もけっこう多いが、たいていは通信添削をうまく使っている。自分にちょうど見合ったレベルの通信添削をきっちりこなすことで、勉強のペースを保つことができるのだ。逆に自分のレベルより難しすぎると、勉強のペースを壊しかねない。通信添削のコース選択は重要なのだ。

もうひとつ大切なことは、通信添削の課題を1週間のうちいつ解くか、である。これを決めずに通信添削に手を出したら、正直なところ机の上に課題を積み上げるのは目に見えている。だから自分の1週間の時間割の中に、通信添削のための時間をちゃんと確保しよう。できれば学校の予習や復習などをあまり気にかけなくてよい土曜日か日曜日がいい。そういう時間が確保できないほど忙しいのであれば、通信添削はやめておくのが無難だ。

通信添削というのはスルメみたいなもので、噛めば噛むほど味が出るという性質のものが多い。毎回送られてくる課題には、そういう感じの問題が並べてある。時間を取ってじっくりと取り組むように勉強すれば、効果は2倍にも3倍にもなる。ひとりで5つも6つも受講しながら、解いて送り返すだけでほとんど復習していないというようなケースもよく見かけるが、これでは通信添削を有効に活用しているとはいえない。

そういう観点で言うと、「問題を解いて送る」ことと「添削されて返って来た自分の真っ赤な答案を見てよく復習する」ことの両方の作業が通信添削には必要だ。だから「答案を解く時間」と「返って来た答案の復習の時間」の両方を確保する。こう考えると、ひとりでいくつものコースを受講して机に課題を積み上げておくことが、いかに無駄かわかるだろう。

いずれにしても、多くの学生の通信添削に関する失敗は、「基本もできていないのに内容が難しすぎた」というのと「時間がないのに受講しすぎた」というのが圧倒的に多い。この2点をちゃんと考えて通信添削を行うのであれば、確実に効果をあげることができる。うまく活用できるのなら、通信添削ほど便利で安価な学習教材はない。

予備校と高校はどう違う?

「予備校と高校では数学の教え方は違うのか?」というようなことを聞かれることがある。もちろん教えるのは同じ数学だが、たしかに教え方は異なるといってよい。

まず予備校というのは、高校とくらべてかなり目的がはっきりしている。予備校の使命が「生徒ひとりひとりに学力をつけて大学受験で合格させる」ことであるのに対し、高校のほうは「社会でうまくやっていけるような健全な成人を育てる」ことだ。

したがって、当然予備校と高校では教え方も違う。「このへんは入試によく出ます」というような言葉を予備校の授業ではよく聞くが、高校ではあまりこういうことは言わない。予備校教育の意義は、すごく乱暴な言い方をすると大学の合格不合格で決まる。０点か１００点かという、ある意味で単純だが、ある意味で厳しい世界なのである。

また予備校というのはよい意味での「商売」だ。授業がそのまま商品になる。とくに現役高校生向けの授業の場合は、質の高い授業をしないとどんどん生徒が減少するが、逆にうまくいけばどんどん生徒が増えていく。それが「売り上げ」に直結するので、予備校経営者も講師も必死だ。生徒の顔ぶれが1年間固定されている高校の授業とは大違いである。

もうひとつ、予備校というのは学校にくらべてかなり分業がはっきりしていることが多い。高校教師というのは授業に加えて出席簿記入、諸連絡、集金、面談、部活顧問……となんでもこなさないとやっていけないが（担任を持つともっと仕事は増える）、予備校ではそれらは分業化されているので、講師は授業の内容に全神経を集中することができる。この点も大きな違いだ。

また、予備校の場合だと目的がはっきりしているので、内容がある程度決まってくる。とくに「〇〇大学理系数学演習」などとタイトルのついた講義の場合、かなり内容を特化して話を進めることができる。高校の場合は、よほどの進学校でもないかぎり各生徒の希望進路や志望校は異なるので、そういう特定の大学入試に特化したような話はできない。

予備校の高校生コースとはどういうところか

通信添削と並んで高校生にとってポピュラーなのが、予備校の高校生（現役生）コースに在籍して勉強する方法である。通信添削にくらべて拘束時間も長く、あまりお手軽だとはいえないが、こちらも活用の仕方によってはかなりの効果をあげることができる。

予備校の高校生コースの利点は、いろいろな学校の生徒と一緒に授業が受けられること、講師と顔を合わせるので質問が簡単にできること、学校とは違って受験をはっきりと意識していること、などだ。通信添削のように課題が机の上に積み上げられることはない。

予備校の場合は講師の顔が見えるわけだから、講師との相性で授業を選択することもできる。学校と違って、大きな予備校の場合、途中でコースを変えるなんてことも可能だ。やっている内容も、コースによっては基本から着実に説明してくれるものもある。

ただし学校と違う点は、ほとんどの場合、授業が週1回だということだ。1回の授業中に解く問題の数もかぎられていて、これだけではどんなに頑張ってもすべての内容を完全にカバーするわけにはいかない。だから、予備校の授業はあくまでふだんの勉強の刺激のつもりで受けるのがよい。

また、予備校の授業も他の授業と同じく、予習や復習をしないと効果は半減する。毎週1回90分席に座っているだけで成績が上がるなんてことはありえないのだ。だから予備校の復習の時間もちゃんと確保しておく。できれば習ったその日に復習するのが最も効果的だ。

学校の授業の場合、教師によって進度はまちまちである。その点予備校の授業はどの科目も受講生にとってちょうど適当な速度で進んでくれる。このことも予備校で授業を受けるメリットだ。とくに、進学校ではないような高校から大学進学を考える場合には、こういう予備校の授業の進度や内容はたいへん参考になる。

予備校の授業は、学校の授業にくらべて大学の授業に近い。授業時間も90分とか１２０分のものが多く、授業前後の「起立、礼」など挨拶もなく、大きな教室の場合には講師はマイクでしゃべり、座席も自由だ。そういう雰囲気は一度経験してみる価値はある。なかなか気軽に受講するというわけにもいかないが、意外と励みにもなる。

もし予備校に通う時間がなかったり、気軽に踏み切れないのであれば、夏休みや冬休みなどの「講習会」に出席するのもひとつの手だ。また、予備校の模擬試験によっては、その模擬試験の解説授業が行われる場合もあるし、学期始めなどには体験授業などが無料で行われることもある。こういったものを一度利用してみて、もしも興味があればふだんの予備校の講義も受講してみればよい。

いずれにしても、予備校の授業はけっこう面白いものだ。お金を払っていると思うと勉強にも身が入る。もちろんお金を出してくれるのは保護者なのだから、いろいろと相談の上、受講する講座を決めよう。うまく活用すればかなりの効果を期待できる。

予備校の講座選択のコツ

５～６月ごろになると、予備校での授業の後などに生徒がやってきて、「夏季講習はどの授業を取ったらいいと思いますか？」という質問をしてくることが多くなる。たしかに、そのとき生徒から見せられるパンフレットには数々の講座がところ狭しと用意されており、その内容もレベルも多彩だ。
夏季講習にかぎらず、数多く用意されている予備校の講座の中から適当なものを選び出すのは、そう簡単なことではない。ましてや予備校自体も大小いろいろある。ここでは予備校の授業を選択するときのちょっとしたコツを書いてみる。

まず大切なことは、パンフレットを見る前に各科目ごとの大まかな目標を立てることだ。夏季講習の場合なら、「数学はこの夏休みで苦手な2次関数を徹底的におさらいしよう」とか「英語は夏休み中に文法を徹底的に復習しよう」というふうにである。これをせずにパンフレットを見てしまうと誰だって目移りする。予備校だって商売だから、各講座の紹介文を読んでいるとどれもつい受講したくなってしまう。

もちろん夏季講習だけではなく、ふだんの講座選びでも同様である。1年間の大まかな目標を立ててからパンフレットを開くとよい。ただしこの場合は、少しおぼろげな目標しか立てられないに違いない。「苦手の数学でせめて平均点ぐらい取りたい」とか「好きな英語の授業をいっぱい聞いてもっと得意科目にしたい」という感じだ。このことを忘れないようにしてパンフレットを開く。

こうすると、とりあえずいくつかの講座に絞ることができる。その中で徹底比較する。比較する対象は、時刻や曜日（講習なら期間）、内容（ふつうの授業なのか、問題演習形式なのか）、学

予備校にある自習室
周囲がみな黙々と勉強しているので、
自然とやる気が出てくるし、集中もできる。

力レベル（選抜テストなどがあるのか、無試験なのか）、教室の規模や人数、講師の評判、などである。

塾と予備校の違い

大手予備校か小さな個人塾、どちらがよいかは個人の好みだが、それぞれに特色がある。大手予備校の場合、講座の数も豊富で各講座の人数もけっこう多い。たいてい繁華街にあるから通うのも便利だし、いろんな学校や地域から生徒が集まってくる。行き帰りにお店もいっぱいあるから、ちょっとした買い物もできる。また講師や職員もそろっているので、勉強の内容や勉強方法、志望校の決定方法など、いろいろな質問をすることができる。

また大手予備校の場合、重要な要素として「自習室」がある。予備校に在籍することで、空いている教室や「自習室」で自由に勉強することができるのだ。まわりは静かに勉強しているし、質問なんかもすぐにできる。夏や冬はエアコンも完備していて、非常に勉強がはかどるものだ。大手予備校に在籍する隠れたメリットだといってよいだろう。実際予備校の自習室はどこも学生がいっぱいで、とりわけ定期試験前にもなるとかなり混雑する。

一方、小さな個人塾も捨てがたい。こちらのメリットとしては、たいてい自宅の近くや学校の近くにあること、生徒も講師も人数が比較的少ないので、お互いかなり親密な関係を保てること、予備校と違って目標が大学受験だけではない場合も多く、自分の目的に合致した場合は非常にためになるということ、などである。

個人塾の場合、経営の規模も小さいので、生徒の個人的な意向をより尊重してもらえる傾向にある。最近では各大手予備校もこういう「個人塾」的な要素を取り入れて、小さな教室をたくさん作る傾向にあるようだ。これは歓迎すべき傾向だといえる。

たしかに自分に合った講座を選ぶのは簡単なことではない。うまく見つからない場合もある。しかしいずれにしても、大切なことは予備校に頼りすぎてはいけないということだ。すなわち予備校の授業も受けっぱなしではほとんど意味がない。毎週1回の授業のために、予習・復習をきっちり行うことによって実力がつくのだ。うまく予備校の授業を「使う」ことが大切だ。

模擬試験のうまい活用法

　高校生を見ていると、模擬試験でかなり一喜一憂している生徒が多い。まずは自分の志望校に合格するかどうかがいちばんの関心事だろうから、合格可能性の判定欄に目が行きがちなのは仕方のないことだ。しかしそれだけではもったいない。模擬試験は、吟味するほどに価値があるものなのだ。

　まず大切なのは、模擬試験で返ってきた成績データの紙よりも、赤ペンで採点された模擬試験の答案そのものだ。赤ペンで真っ赤になった答案を見直すのは気持ちのよいものではないが、どうしてその問題を間違えたのか、次から同じ問題が出たらどう考えたらいいのか、ということを探るだけでもかなり実力アップする。

　できれば、よく復習したところで再び模擬試験の問題用紙を見て、解けるかどうか確認してみるとよい。これでできれば、学習面での反省はほぼ完了といえる。

　一方マーク式試験の場合、プロセスを記した答案は返ってこない（というより存在しない）わけだから、当然対処の仕方が変わってくる。マーク式の場合は問題用紙に自分で解答を書きこむだけではなく、そのプロセスをしっかり問題用紙にメモしておくことが大切だ。

　生徒が受験したマーク模試の問題用紙を見ていて思うことは、その解答のプロセス（数学や理科の計算の場合には式、国語や英語などの場合にはアンダーラインや印など）があまり書かれていなかったり、あるいは書いてあっても落書き程度で何が書いてあるか判別できないことが多いということだ。これでは後で見直しても何の情報もない。

そもそもマーク模試の場合、「マークが合っていればいいんだからやり方を書く必要がない」と思っている学生が多いようだが、それは違う。マーク模試の場合でも、解答用紙の空欄などにしっかりと式やプロセスを書いておくようにする。それには2つの理由がある。ひとつめの理由はすでに述べたとおり、問題用紙を持ち帰って復習するためである。

しかしそれ以上に大切な理由がある。答案を制限時間内に仕上げて見直す際に、プロセスが書いてあれば短時間で効率的に行えるが、書いてないとうまくできないということだ。

マーク式試験の場合、最後に出てきた答えのみで点数が決まる。とくに計算の多い数学や理科（物理、化学などの計算問題）の場合、やり方が合っていても計算間違いがあったら、その時点で0点になる。試験時間終了直前の見直し作業がいかに効率よく行われるかが点数を分けると言っても過言ではない。だからプロセスをそれなりにわかりやすく記述しておくことは、マーク式試験の場合でも非常に大切なことなのだ。

したがって、記述式模試だけでなくマーク模試でも、あるいは大学入学試験の本番でさえも、返された答案や問題用紙に残された自分のプロセスを見て復習することは、非常に学習効果の高い勉強手段であることを忘れないようにしてほしい。

ところで模擬試験は学校でも受験するだろうが、できれば高校1年の頃から積極的に自分で申し込んで受けてみるとよい。自分が学校で習っていることやふだん部屋で勉強していることが、本当に外の世界で通用するかどうかを知るための絶好の機会だ。もちろん高校1～2年生ぐらいなら部活なども忙しいし、そんなにいくつも受験する必要はないが、いつもの勉強の刺激剤の意味もこめて、1学期にひとつくらい受けるようにしたらよいだろう。

こうしたことに注意しながら模擬試験を受けると、その効果は何倍にもなる。せっかく時間を費やして受験する模擬試験なのだから、「受けっぱなし」にしないように心がけるべきだ。

模擬試験の判定はどう見たらいいのか

2年生までの模擬試験

模擬試験を受験すると、偏差値や志望大学への合格可能性の判定を記した紙が、答案と一緒に返ってくる。それを見て一喜一憂する生徒は多いが、本当に大切なのはむしろ答案の見直しだと書いた。

しかし合格可能性の判定は、各模擬試験の過去の実績をもとに割り出したもので、正しく解釈すればそれなりに使えるものだ。ここでは合格可能性判定の詳しい（正しい）見方を書こう。

その前に、判定の呼び名や意味は各模擬試験によって違う。ここでは合格可能性が高い順にABCDEと呼ぶことにし、これらは順に合格可能性がそれぞれ「80％以上」「60％以上」「40％以上」「20％以上」「20％未満」という意味であるとする。

まず大切なことは、同じような偏差値でも、合格可能性の判定は模擬試験によって違うということだ。当たり前のことだが、たとえば高校1年生の段階で非常によい点数を取ったとしても、その後2年間、同じ成績を持続できる保証はどこにもない。だから1年生の段階ではかなり判定が厳しくなる。高校3年生の11月の模擬試験だと偏差値60で「A」が出る大学でも、高校1年生の模擬試験で同じ偏差値だと「C」だったりする。

そもそも、仮に高校1年生で受験した模擬試験ですごくよい成績が取れて「A」が出たとしても、「そんなわけないよな」と誰もが思うだろう。それは正しい認識だ。強いて言えば、このころの「A」は「その調子で頑張ってね」くらいに読み替えておけばよい。

一方「D」や「E」は、「このままの勉強の仕方では志望大学には入れないよ」という意味だと解釈する。だからこの判定をされたら、ぜひ勉強方法を見直すべきだ。とくに英語と数学2科目の勉強方法の見直しは、早く取りかかっておかないといけない。

この時期の模擬試験で見るべきところは、どの科目のどの分野ができていなかったか、ということだ。コンピュータの打ち出した成績表には「どの分野をどういうふうに頑張ろう」というような分析結果が書かれているはずなので、それにしたがって勉強していけばよい。

3年からの模擬試験

さて、高校3年生の夏ごろまでの模擬試験の「A」は、ほぼ高校1～2年生と同じように考えていく。すなわち、そう簡単に「A」は出ないし、出たとしてもあまり信用しないほうがよい。「A」「B」「C」は「まあ頑張ってね」ぐらいに読み替える。

ただし3年生になると、みんな受験勉強に興味を持ち出すため、模擬試験を受験する人数も急に増加するし、それとともにデータも正確さが増す。だからこの時期で「D」や「E」が出た場合にはかなり焦るべきだ。

もしも「D」や「E」が出たら、少し皮算用をしてみよう。模擬試験の個人データが返却されるときはたいてい同時に冊子が配布される。その冊子には全体的な成績の概要のほかに、各大学の判定の基準が表になって載っている。それと自分の成績を見くらべ、どの科目であと何点取れば「C」や「B」になるのか計算するのだ。

すなわち、同じ「D」や「E」でも「あとちょっと」なのか「まったく無理」なのかを知っておく。これで、どの科目のどの分野が問題だったのか自分でも実感できるし、とくにあとちょっとの場合だと「まだまだこれから頑張ればどうにかなる」ということもわかる。こういうことを自分で認識しておくことが大切だ。

夏休み以降は少しずつ判定基準が下がってくると同時に、その信憑性もかなり高くなってくる。経験上、11月以降の模擬試験の判定は、結果的にはかなりの確率で当たっている場合が多い。

ただし現役生の場合、この時期の勉強で学力が飛躍的に伸びることもある。だから「D」ぐらいなら意外と合格するケースも多い。とりわけ理科や数学などは、まだ全範囲の学習を終えていない場合も多いだろうから、その部分をかっちり勉強することで必ず成績の伸びを見こむことができる。

そういうわけで、現役生でこの時期に「D」「E」が出た場合は、やはり1学期のときと同じように皮算用をしてみる。まだ習っていなかったり、自分でじゅぶんに消化できていない部分で失点があった場合は、そのぶんを上乗せして自分で偏差値を計算しなおしてみる。これで「C」以上なら、まだまだ合格する可能性はある。

またマーク模試の場合は、センター試験の配点比率が高い国公立大学の場合だと判定の信憑性は高いが、2次試験の配点比率が高い場合はあまり気にする必要はない。一方、特定大学向けの模擬試験もこの時期には行われるが、こちらの判定はそこそこ信憑性が高いといえる。

いずれにしても、判定や偏差値で一喜一憂するのはよくない。そういったものに気分を乱されず、冷静になって自分にとってどれだけ問題点があるか、という目安にしておく。「A」判定や、場合によっては特定大学向け模試でひと桁の順位を取っておきながら、本番で不合格になった例も多い。模擬試験はつねに自分の問題点を確認するためのものだと心得よう。

偏差値の読み方

世の中にはさまざまな模擬試験があるが、その点数の処理方法で2種類に分類することができる。ひとつは各科目の点数をすべて合計して順位を出す「合計点方式」で、もうひとつは各科目ごとに偏差値を計算してその平均で順位を出す「偏差値方式」だ。

合計点方式の欠点

合計点方式は説明の必要はないだろうが、この方式にはちょっとした問題点がある。

たとえば英数国の3教科それぞれ100点満点、合計300点満点の模擬試験が行われて、3教科とも平均点が40点だったとする。ここでこの模擬試験を受験した2人の生徒AとBの成績を比較してみよう。どちらのほうが成績がよいと考えるべきだろう?

たしかにAもBも合計点では160点だ。しかし、本当にAとBの実力を合計点だけで並べる

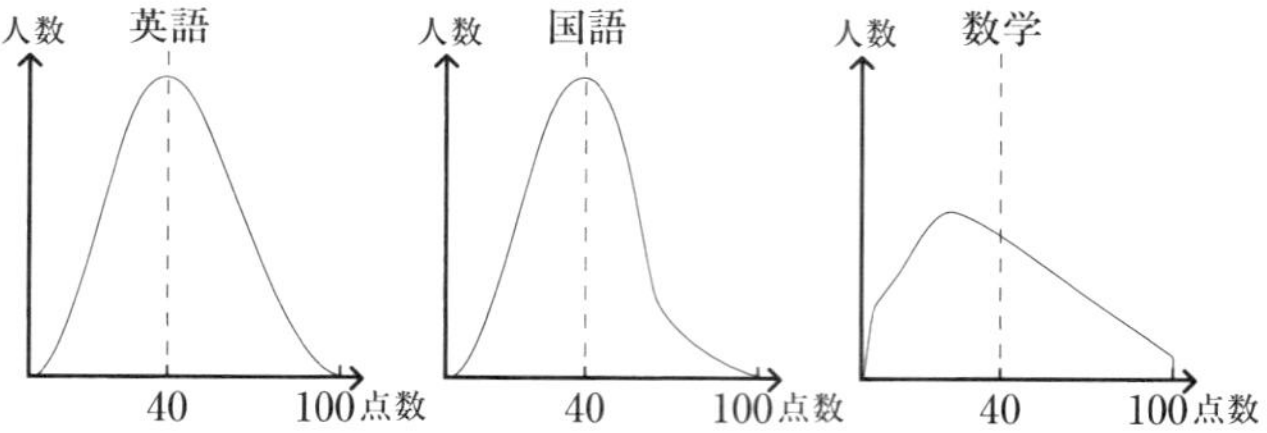

生徒＼科目	英語	国語	数学	合計点
生徒A	60	60	40	160
生徒B	30	30	100	160

とある模擬試験での各科目ごとの人数分布と２人の成績

のには問題がないだろうか？　なぜなら、数学で１００点をとることはそんなに難しいことではないが、英語や国語で60点を取るのは結構難しいことなのだ。そう考えると英語と国語でかなり見劣りがして、しかも簡単に１００点を取ることが可能な数学で点数を稼いでいるBよりも、はるかにAの方が優秀だという考え方もできる。

もうひとつ、合計点方式には不便な点がある。それは過去のデータとの比較が容易でないことだ。

例えば○○大学××学部の入学試験の合格者が、秋に受験した模擬試験でどういう成績だったか、ということは進路指導において非常に重要なデータとなるわけだが、このときに合計点を見ていても埒《らち》があかない。なぜなら、去年の模擬試験と今年の模擬試験は問題が違うために平均点も点数の分布も異なるからだ。単純に合計点では比較できないというわけだ。こうした合計点方式の問題点を改善するために、偏差値方式が導入された。

そもそも偏差値とは？

偏差値は、単純な１００点満点の点数（「素点」と呼ばれる）とは違って、受験生全体の点数分布と素点を使って計算される。さきほどの模擬試験の得点分布の例でいうと、英語で80点を取るのと数学で80点を取るのでは、明らかに英語の80点の方が価値が高い。したがって、ＡとＢの点数を偏差値で表すと、たとえばこんな感じになる（カッコ内が偏差値）。

	英語	国語	数学	合計	偏差値の平均
受験生Ａ	60（70）	60（70）	40（50）	160	63
受験生Ｂ	30（40）	30（40）	100（70）	160	50

というわけで、偏差値方式を採用すると、ＡがＢより明らかに成績がよいという結果が出る。ここではわかりやすいように極端な例を使って表したが、現実でもこんな感じで偏差値方式が採用されている模擬試験は多い。

また、偏差値方式を採用することで、過去の大学合格実績と照らし合わせることが可能になる。たとえばこの例の受験生Aに対して、「あなたの志望校に去年合格した受験生は、去年の同じ模擬試験で平均して偏差値60ぐらい取っていたみたいだから、今回の模擬試験の偏差値63という成績ならじゅうぶん合格する見こみがある」というような判定を行うことができるのだ。平均点や得点分布が違っても比較できるので、偏差値は使い勝手がよい。

偏差値を計算してみよう

ただし、偏差値方式にも問題点はある。ひとつは、実際の大学入試はほとんどが合計点方式を採用していることだ。だから大学入試本番でも、たとえば英語と国語は平均点を下回るのに、数学の試験で満点を取って合格したりするケースは多い。偏差値方式だと、そういう一発逆転的なケースが実現できないので、大学入試の模擬試験としての現実味に欠けるというわけだ。

もうひとつは、自分の偏差値が簡単にわかりづらいということだ。合計点方式よりかなり面倒な計算をしないと、自分の偏差値を知ることができない。そこで、偏差値の計算方法を紹介しておこう。偏差値を計算するために必要な数値は3つだ。

素点　：自分の試験の点数

偏差値グラフの形で何がわかるか？

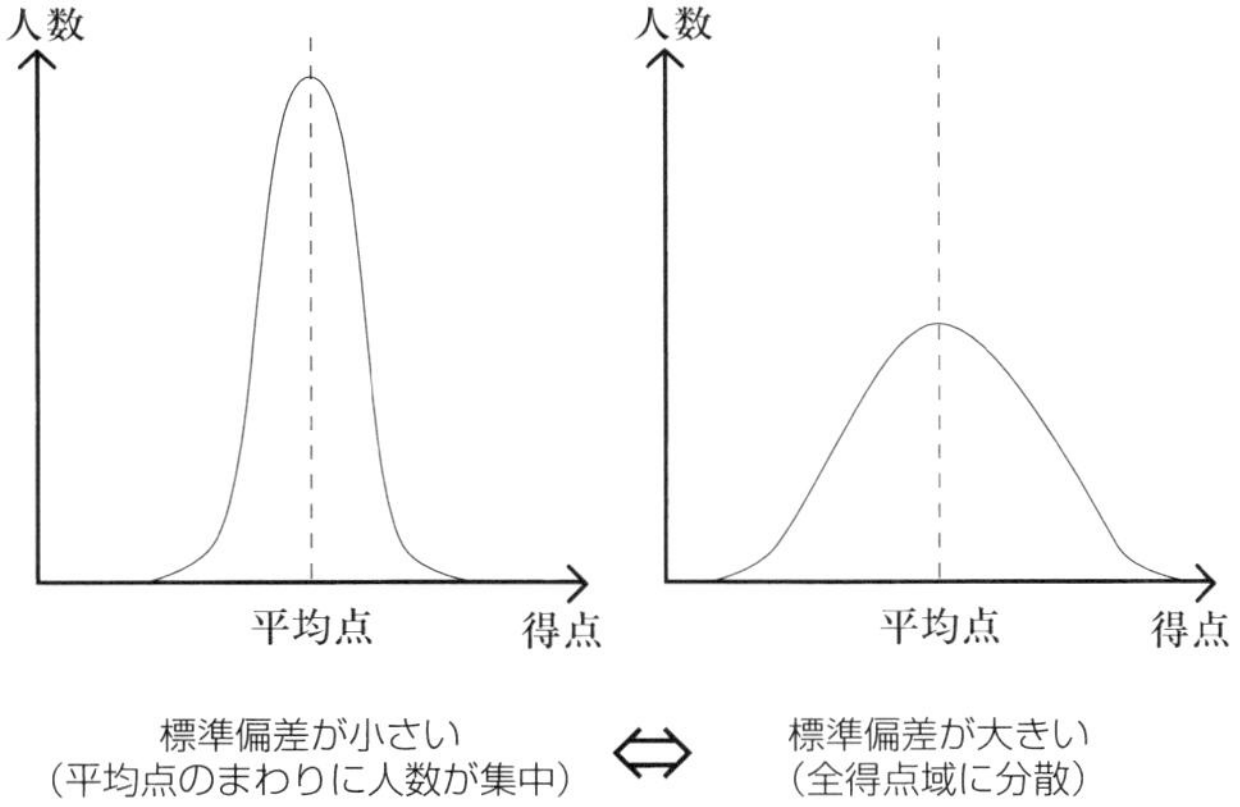

偏差値と人数分布

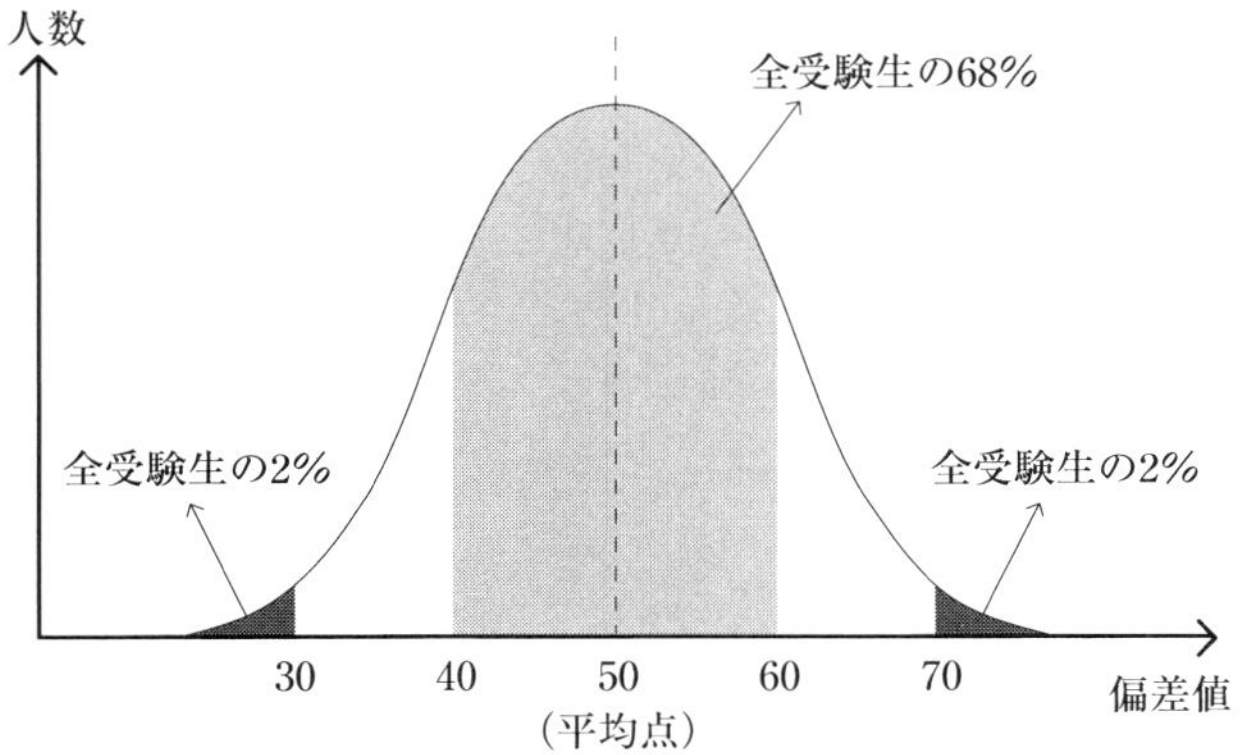

偏差値グラフの形と人数分布

平均点　：その試験の全受験生の平均点
標準偏差：その試験の全受験生の得点分布を表す値

これらの数値のうち、とくに「標準偏差」というのが耳慣れない言葉ではあるが、興味があれば、詳しくは数学Bの「確率分布」の単元を参照してほしい。一言で言うと「受験生の散らばり具合」を表す値であり、具体的には「素点の何点が偏差値の10ポイントに相当するか」という値だ。この値が小さいほど得点分布のグラフの山が高くなり、大きいほど低く平らになる。

自分の偏差値を計算するには次の式を使う。

（偏差値）＝（自分の点数－平均点）÷標準偏差×10＋50

最後に、偏差値の数学的な常識を5つ挙げておこう。

1．平均点と同じ点数を取った受験生は必ず偏差値50となる。
2．得点分布によっては、マイナスの偏差値も100を超える偏差値も存在しうる。
3．受験生が2名しかいないとき、必ず点数のよいほうが偏差値60で、点数の悪い方が偏差値40

となる（同点なら2人とも偏差値50）。

4．理論的には、偏差値40〜60の間に全受験生の約68％が入る。言いかえると、偏差値60とは順位が全受験生の約16％であることを、偏差値40とは約84％であることを意味する。

5．理論的には、偏差値30〜70の間に全受験生の約96％が入る。言いかえると、偏差値70以上の受験生も、偏差値30以下の受験生も、それぞれ全受験生の約2％しかいない。

第10章

タイプ別 参考書・問題集の活用法

受験勉強の第一歩は、自分に合った参考書や問題集をみつけること

読者の中には、「問題集や参考書は学校や塾でもらうもので、自分で買うものではない」と思っている人はいないだろうか？　学校や塾でもらう問題集や参考書が自分にとってベストだとはかぎらない。しかし「どういう問題集をどういうときに使うか」ということを知っておかないと、なかなか自分で買いにくいということもある。

そこで、問題集の種類ごとに「どういうものがどういうときに役に立つか」ということを書い

ていこう。

よい参考書さえあれば独学可能

参考書というのは読んで字のごとく「授業などの参考になる本」ということだが、実際は「これ1冊で勉強ができる本」と考えてよい。すなわち「授業などまったく聞かなくてもこれ1冊で独学できる」ということだ。

勉強の究極の目標は、問題を解けるようになることだ。言いかえれば、「理解」しただけでは目標を達成したことにならない。だから参考書の中でも、とくに例題や演習問題およびその解答や解説が充実しているものがお奨めだ。

読み方については、必ずしもページの順番に読む必要はない。まず例題などを見て「この手の問題はどうすればいいのだろう」と思いながら解答を見る。それでもわからない場合は、最初の説明に戻って読みなおす。こういう読み方をすることで、「こういう問題はこう考える」というふうにパターンを自然と覚えていくことができる。

さらに多くの参考書には練習問題も豊富に掲載されていて、例題などを含めると問題演習にも事欠かない場合が多い。まず例題とその解答・解説を読み（場合によっては解答を下敷きなどで隠して自分で解いてみたりして）、その後で類題をどんどん解いていけば、解答パターンがつかめるようになる。

極論を言えば、参考書を買ってきて自分でどんどん勉強していけば、学校など行かなくてもじゅうぶん大学入試レベルの学力を身につけることができる。じつはこういった勉強の仕方は、大学に進学しても（とくに理系の場合）非常に大切で、「習わないと勉強できない」というのでは通用しない。学校のペースが自分に合わないと思ったら、参考書を使ってどんどん勉強していってほしい。

問題集は、実力をつけるだけでなく復習にも役に立つ

問題集には参考書と違ってその単元の説明はあまり載っていない。たとえば数学では公式が並べて書いてあればいいほうで、場合によってはそれすらもない。一方で、後ろに解答のページがあって、そっちはたいてい詳しい説明がほどこされている。

学校で配られる数学や理科の問題集などでは、後ろに略解程度しか載っていないものもある。こういうタイプの問題集は、授業を聞くまで解法がわからないように作ってあるので、独学にはあまり適さない。自分で買う問題集は、できるかぎり解答や解説が詳しいものを選ぶようにする

とよい。

また、時間的に掲載されているすべての問題をやる余裕がない場合もある。そういうときには、自分でやる問題を決める。たとえば基本問題や標準問題、応用問題に分かれている場合は、得意分野なら応用問題だけやってもいいし、苦手な分野なら標準問題だけに絞るのも手だ。

問題集によっては＊印などが問題の番号についていて、それだけをやればひととおり学習できるようになっているものもある。こういうものを活用すると意外と早く勉強することができる。「高校1年間で習った数学を春休みの2週間でさっと復習する」なんてことも可能だ。

書きこみ式問題集、ワークノート、一問一答形式問題集の効果的な使い方

問題集の変形バージョンといえるものに、「ワークノート」などと呼ばれる書きこみ式のものがある。これは文章の途中が空白になっていて自分で書きこんでいくスタイルのもので、とくに暗記が中心の社会科、理科の生物や地学、国語の文語文法、英語の単語や暗誦文例などで絶大な効果を発揮する。

ワークノートの使い方には2種類あって、ひとつはふつうに問題の解答を書きこんで答え合わせをしていく方法、もうひとつは空欄に解答を書きこまず、空欄の部分をそらんじていく方法で

ある。後者の方法はとくに暗記科目で非常に効果を発揮する。

　最近はそういう使い方を見越してか、空欄のすぐ横の欄外や隣のページに解答がある場合も多く、この場合には解答の部分をものさしや下敷きなどで隠して、何度も同じところを声に出して答えていったりノートに書いていったりするとよい。リズムに乗って覚えていけば、意外に大量の暗記量がある科目でもうまく覚えていける。

　またさらに変形バージョンとして、最近は「一問一答」形式の問題集も多い。これは1行か2行の短い文章で問題が1問ずつ掲載されているもので、やはりすぐ横の欄外に解答が書いてある。この場合も空欄書きこみ式問題集と同様に、解答の部分を隠してどんどん覚えていくと効果を発揮する。

「口に出すだけでいいのか、それともノートに書いたほうがいいのか」という疑問もあると思うが、英語の勉強法でも述べたように、声に出しながらノートに書くというのが最も早く覚えられる。英語の暗誦例文の場合は細かい部分のつづりなども大切なので、とくに大きな声で発音しながらノートに書いて覚えていくべきだ。

「実況中継」形式は役に立つか

最近は予備校人気講師の「実況中継」形式の本が増えている。内容的には、「予備校の人気授業をテープで録音し、それを活字に直しただけ」という感じのシンプルな書物だが、冗談なんかも含めてかなりリアルな雰囲気が、実際に授業を聞くより安い値段で味わえるというので人気のようだ。

書店などで見ていると、たいていは黒と赤の2色刷りで、重要な語句などは赤字になっていることが多く、単に授業をぼーっと聞くよりじっくり勉強もできるし面白いかもしれない。一見分厚いが、字も大きくて意外と早く読み終えることができる。

ただし「これを1冊読んだから実力が大幅アップ」ということはまずありえない。早く読み終えるぶん、分厚さの割には情報量があまりないということもいえる。また練習問題もあまり載っていない。だから「実況中継」の本を勉強のメインに据えるのはすすめない。むしろ苦手科目に興味を持つきっかけとして読んでみたり、勉強や授業の合間の読み物として活用するのが効果的だ。

「よくわかる」「○○時間でわかる」は本当にわかるのか

最近は「気持ちよいほどよくわかる○○」とか「○○時間で○○がマスターできる」というように、タイトルが露骨でわかりやすい本が多くなった。この手の本はとくに数学に多いのだが、広げてみると「実況中継」と同じような感じでリアルな雰囲気をかもしだしている。たしかに内容は平易でそこそこ多くを網羅しているにもかかわらず、案外わかりやすいものが多い。こうした参考書がベストセラーになるのもうなずける。

書店で観察していると、高校生などが「○○時間で○○がマスターできるわけがないよな」と言って友人たちと笑いながら通り過ぎて行くのを見かけるが、少なくともこれらの本の内容に関してだけ言えば、不可能なことではない。少し大げさに見えるタイトルではあるが、あながち間違いではないのだ。

内容的には、活字以外に手書きの部分も多く、わざと間違えているところやポイントとなるところに赤字で添削が入っていたりして、読んでいるとけっこう面白い。

ただし、これらの内容は「短時間」で「気持ちよいほど」理解できるかもしれないが、何度も言うように、とくに数学などの理系科目の場合は理解するだけでは意味がない。あくまで問題を自力で解けることが最終目標である。

そういう意味では苦手な科目の最初の導入や、「これから自分が習う単元がどういう内容か」ということをある程度理解しておくときなどには使えるが、このシリーズの本を何冊も読んだからといって、数学の実力が飛躍的に伸びるというものではない。自分で問題を解く練習は、やはりなんらかの問題集や参考書でやっていく必要がある。

一言で言うと、「わかる」ということと「使える」ということはまったく違う。ここさえ勘違いしなければ、この手の本はじゅうぶんに効果があるといえる。

単語の暗記本は五感を総動員して活用する

英単語にしろ古文単語にしろ、あるいは熟語や年代などにしろ、「とにかく覚える」ということも重要な作業だ。ただしその量はかなり多く、効率よく覚えていかないとなかなか必要量をすべては覚えられないものだ。

そこで昔からよく使われているのが重要単語の一覧本だ。最近のは重要頻度順になっていて、途中でやめてもそれなりに効果が出るように作ってある。ただし、「全部覚えなくてもよい」と言われると途中で怠けることになってしまうので、最初にどのページまで覚えるか決めたらそこまでは完全に覚えるようにする。

ちなみに英単語や英熟語、古文単語にしても、「そのときだけ覚えられても、肝心の試験のときや実際に使うときには忘れてしまわないか」と不安に思うかもしれないが、じつは一度覚えたことがあれば、たとえ忘れていても、前後の文のつながりなどから思い出せるものだ。実際に文章で何度もお目にかからないと、単語などはなかなか印象深く覚えることはできないが、とりあえず1回は覚えるようにすればよい。

もうひとつ大切なことは、目で眺めるだけでなく、声に出したり書いたり、図や写真、イラストなどを見たりして体で覚えるように心がけることだ。何度も言うようだが、これはぜひ試してほしい。

辞書使いの作法

辞書は書店で見くらべて自分で買うことをすすめる。それなりの金額を自分で払うことによって、辞書を大切に扱おうという気持ちが生まれる。最近は学校で一括して購入することも多いようだが、そういう学校を観察していると辞書がかなり粗末に扱われているように思われる。

書店でいくつかの辞書をくらべていると、意外とひとつひとつ個性があることがわかる。高校生の場合、英和辞典、和英辞典、古語辞典、国語辞典、漢和辞典と多くの辞書にお世話になるが、中でも英和辞典と国語辞典はかなり回数多く引くことになる。何度も辞書を引くことによって、その単語に関連するいろいろな知識が吸収できるとベストだ。だからそういう関連知識が自然と身につくような辞書がよい。

また高校生の英語の勉強には英英辞典もかなり効果を発揮する。引く時間が少し長くなるかもしれないが、そのぶん自然と多くの英文に接することになる。英英辞典は引いているだけでも楽しい。「こういう単語はこういうふうに説明するんだな」と妙に納得してしまうことも多い。

勉強にあまり適していない辞書というのもある。たとえば携帯用の小さい辞書や電子手帳などは、関連する語や文例が省略されていたりするし、必要最小限の情報しかないので読んでいて面白くない。また英和辞典などでは、発音が発音記号を用いずにカタカナだけで書いてあったりするのも、中学生ならともかく高校生としては正確さに欠ける。万国共通発音記号は、大学に入学してからも第2外国語などでお世話になることが多いので、早いうちに知っておいて損はしない。また、図や例文などは多いほうがよい。そういったものを何度も見ることによって、知識がどんどんふくらんでいく。そんな勉強は楽しいものだ。引いた単語の隣の単語を読んでみたり、関連する別の単語を引いてみたりするのもよい。時間に追われていつもそういう道草をするわけにはいかないだろうが、たまには道草も大切な勉強だ。

辞書は持ち主の個性が出る。1日に何度も引いているにもかかわらずきれいな辞書もあれば、引き方がガサツでかなりぼろぼろの辞書もある。いずれにしても、知識を持ち主に供給した辞書には、持ち主の歴史を感じるものだ。自分の持っている辞書をそういうふうに仕上げていくのは、毎日の地道な勉強の成果であるといえる。ぜひそうした辞書の引き方を心がけることだ。

こんなところに役に立つ、教科書活用の裏技

教科書は、つまらないけど奥が深い

学校で配られる「文部省検定済」の教科書は、正直なところ素っ気ないものだ。参考書などにくらべて無機質な体裁であるものが多く、例題や練習問題などもそんなに多くない。

そもそも教科書にはすべてが書いてあるわけではない。学校の授業を聞いてはじめてわかるように作ってある。じつはどの教科書にも教師用の指導書と呼ばれるものがあって、「このページではこんな話をしなさい」というようなことも書いてある。教科書を見ながら教師が授業を展開することで、はじめて「面白い」と感じられるように作られているのだ。教科書だけ眺めていてもあまり面白くないのは、ある意味当然のことだといえる。

したがって、教科書だけで勉強するというのはあまりよい勉強法ではない。それならば参考書だけで勉強するほうがよほど理にかなっている。

まず数学や理科の教科書に関してだが、正直なところ例題も練習問題も少ないし、書き方もあっさりしていてポイントがつかみにくい。しかも全国の高校生がみんな同じ勉強をしていると思うと、これほどつまらないことはない。同じ勉強でも、「与えられてする」よりは「自分から自発的にする」ほうが身につくのは当然のことなのだ。それを無理して学校の教科書ばかり開いていても、実力が伸びるとはとても思えない。

では、学校から配られた（というより強制的に買わされた）数学や理科の教科書はゴミ箱行きか、というとそういうわけでもない。本当に必要な洗練された情報だけが載っているので、教科書はむしろ、勉強をひととおり終えた後のまとめに大きな役割を発揮する。まったく知らない内容を教科書で読んでも面白くないが、一度勉強してわかっているつもりの部分を読みなおすと意外と新鮮で面白いものだ。いつも使っている定理の証明などを見るとかなり勉強になる。そして、そういう作業も大切なプロセスだ。

演繹法で頭の整理

少し話がそれるが、１９９９年度の東京大学の数学の入試で、三角関数の加法定理の証明をさせる問題が出題され、高校・予備校関係者の間で話題になった。こういう定理の証明は意外と難問らしく、この年の東大受験生も散々な成績だったらしい。

そもそも話の進め方には「演繹法」と「帰納法」がある。乱暴な言い方をすると、「明日の朝、東の空から日が昇る」ということを説明するときに、「地球は東の方に向かって1日1回転しているので、明日の朝も東の空から日が昇る」というように論理的に話を進めるのが演繹法、「自分が生まれてから何十年もの間、毎朝東の空から日が昇ってきたので、明日の朝も間違いなく東の空から日が昇る」というふうに説明するのが帰納法だ。

授業（というより学問全般）は演繹法で話が進むことが多いわけだが、人間の世界ではむしろ帰納法のほうが自然な発想だ。それゆえ、演繹法で書かれている数学や理科の教科書は、はじめてその単元を学習する学生がスラスラと理解できる代物ではないのだ。

だから、むしろ帰納法でどんどん問題をこなし、「こういう場合はこうする」というパターンをひととおり覚え、経験的にそれを使えるようにする。それから教科書を読む。「この定理はこうやって導くのか」「この定理にはこんな意味があったのか」などと、演繹法で書かれた教科書にきっと感動を覚えるはずだ。

そういうわけで「数学が苦手な人は、まずは教科書の内容をよく理解しよう」というのは最悪の勉強法だといってよい。大抵数学が苦手な人は「演繹法」の話の進め方が苦手だから数学が苦手なのだ。だからむしろ数学が苦手なときは問題をたくさん解いてパターンを覚えこむことから始めるほうがよい。数学や理科の教科書は「最後の仕上げ」に使うべきものなのだ。

一方、国語や社会、英語の教科書などは、穴があくまで読むとよい。教科書を読んで独学で理解してみる。次に授業などを聞いてポイントを押さえる。それまで気がつかなかったポイントが出てくるから、もう一度それらをじっくりかみしめるようにして読んでいく。この作業で教科書ガイドを使う手もある。これを何度も繰り返せば必ず実力がつく。

いずれにしても「教科書だけぼーっと眺めていても何もわからない」ということだけは知っておかないといけない。教科書というのはそういうふうに作ってあるのだから。

教科書ガイドは受験にも役に立つか

教科書ガイドとは各教科書に合わせた副教材のことである。書店で購入することができるので、小学校の頃からこれを使って勉強してきた人も多いことだろう。

教科書ガイドはとくに英語や国語、社会科で大きな力を発揮する。学校で読んでいる文章を一層深く掘り下げて読んでいく意味でも、教科書ガイドは非常に学習効果が高い。単に教科書を読んだだけではわからないようなポイントを指摘してくれるのが、教科書ガイドの役目だ。これらの科目については、教科書ガイドはたいへん役に立つ。

一方、数学や理科の教科書ガイドはわざわざ買って勉強するほどのメリットがあるとは思えない。それよりは問題集や参考書で勉強したほうが面白いしためになる。理科や数学の授業にうんざりしている人は、きっと自分で参考書や問題集を1冊買って勉強するだけでかなり楽しいものに変わるだろう。理科や数学は自分から攻撃的に勉強しないと面白くない。受動的な勉強だけではいつかは必ず飽きてしまう。

教科書ガイドは学校の教科書を勉強するためのものだが、高校生ともなると、教科書の内容を理解しただけで点数が取れるということはかなり減ってくる。とくに理系の場合、教科書ガイドだけに頼りすぎている読者は少し考え直したほうがよい。大学の教科書にも研究の論文にも、あるいは社会に出てからも、いっさい「教科書ガイド」はないのだから。

大学入試問題集に取り組むのは志望大学への礼儀である

大学入試の際、各大学は検討を重ねて入試問題を出題する。よって大学入試問題というのは、かなり内容が練られている場合が多い。そういう意味で、大学入試問題ばかり集めた問題集はかなり質が高いということができる。

理系科目の数学や理科、社会科などは、習った単元の問題ならばじゅうぶんに大学入試問題を解くことができるはずだ。これらの科目では大学入試問題集を活用しない手はない。

具体的には大学入試問題集にも2種類あって、大学ごとにまとめてあるものと、単元ごとに再編成してあるものがある。前者は大学入試直前などに実力試しに解いていけばいいし、後者は定期試験前の実力試しにやってみればよい。いずれにしても、効果は絶大だ。

もちろん、志望大学の過去問を収録した問題集は必ず揃えておく。前にも述べたが、過去問を解くことで、偏差値や合格倍率だけでは見えてこない、自分の行きたい大学の入試の個性が見えてくるからだ。こういった個性を感じとることができれば、かなり実力がついてきていることの証だともいえる。

他にもさまざまな問題集や参考書があるが、ほんとうは実際に書店に出向いて自分の目で情報を得るのがいちばんだ。よい参考書や問題集を見抜く力があるということは、それだけその科目に精通しているということができる。週に1回、書店の参考書コーナーを物色するだけでもかなりの勉強になることを最後につけくわえておく。

おわりに――大学入試への提言

「高校生はなぜあんなに熱心に勉強するのだろう？」

大学入試の担当者のみなさんにぜひこの質問をしてみたい。みなさんが高校生のときは何を思って熱心に勉強したのだろうか？

もちろんそれは人によって違うのだろうが、「志望大学の入試でよい点を取って合格したいから」というのが最も多い答えに違いない。それは裏を返せば、大学入試がなければ勉強しない生徒が現在の高校生の大半を占めているということでもある。

このことは否定的に語られることが多い。大学入試で点数を取るためだけに勉強してきた学生は「答えが画一的で面白みがなく」「基礎学力も低い」という。その弊害を克服するために入試改革を行い、推薦入試やＡＯ入試（ＡＯとは入試事務室〈アドミッションオフィス〉のこと。従来のように試験会場でペーパーテストをして合格者を選ぶのではなく、書類や面接などで合格者を選定する制度）を導入する大学も増えている。

推薦入試やＡＯ入試はその仕組みが面白いし、そんな試験があってもいいと思う。だからそうした制度を導入している大学は、頑張って制度の充実を図ってほしい。その点に関しては何ら反論はない。

しかし、大学入試で点数を取るための勉強にも大切な点がある。たとえば数学、理科の2科目には作法が存在する。その作法を知らないかぎり、大学での研究が困難を極めるのは目に見えている。英語だってある程度まともに読み書きできないと、論文の読み書きができないことになる。結局、入学試験というペーパーテストで点数を取る努力は、大学での研究のための準備体操だといえるのだ。

学生の答えが画一的で面白みに欠けるというが、たとえば数学の解答で個性を出してもらっても困る。出題者の意図を汲んで、それに素直に答えれば誰だって同じような答えになるはずなのだ。あるいは理科の問題ではたいてい真実はひとつであり、個性の出しようもない。理科で個性を出すと、それこそインチキ宗教の教祖になってしまう。

また、ペーパーテストのためだけに勉強している学生は基礎学力が低いという。本当にそうだろうか？　むしろ昨今の基礎学力の低下は、大学側の都合で導入された「センター試験」をはじめとするマーク式試験の影響で、選択肢を与えられないと答えられない学生が増えているから、というのが現実なのではないだろうか。今やマークシートを塗りつぶす以外、鉛筆で何も書かないという受験勉強をしている学生もいるのだ。

そんなわけで大学入試の関係者や入試方法を指導している文部省にぜひ次のことを提案した

い。

推薦入試やＡＯ入試などで書類審査や小論文や面接を実施することは非常に大切なことだが、その際にはペーパーテストも実施すべきだ。それは選択式の試験ではあまり意味がない。記述力を確かめるボリュームのある試験だ。選択肢の与えられた50問より、記述問題1問のほうがその生徒の真の実力をはるかによく推し量ることができる。

さらにはマーク式試験だけで合格者を選ぶのはもうそろそろやめにしたほうがよい。そんなふうに学生を集める大学があるから、与えられた選択肢から「あ、これこれ」と言いながら適当にクルクル黒丸を塗って勉強した気になる高校生が増えてしまう。大量の受験生をさばくにはそれが一番効率いいのだろうが、教育・研究機関が先頭に立ってそういう大量生産的な手法を用いることがどれだけ高校生の学習方法をいびつなものにしているか、ということをよく認識してほしい。

文部省や大学の先生方ならご存知だろうが、海外には大学の入学資格を得るために、大学卒業論文なみの記述試験を行っている国がたくさんあるのだ。そんな中で日本人の論述力やプレゼンテーション力が平均的に見劣りするのは、至極当然の結果だとも言える。マーク式試験だけで入学を許可する学校が増えつづけると、いつかは「一億総軽薄化」という最悪の事態にもなりかねない。

そしてもうひとつ、数学や理科の入学試験にはなるたけ論述式の問題も入れるべきだ。簡単な例をあげると、数学で「三平方の定理を証明せよ」とか「2次方程式の解の公式を導け」というような問題、理科なら「地球温暖化を400字以内で解説せよ」とか「神経の情報伝達の仕組みを図とともに解説せよ」というような問題である。ワイルドにバリバリ研究していく学生を育てるためには、ワイルドな入学試験問題を出題するのが最良の方法だ。

ともかく多くの高校生は大学入試のために勉強しているのであり、それはいつの世であっても紛れもない事実なのだ。彼らがおのずと正しい勉強をするような大学入試制度が、今後の日本の社会を必ずよい方向に導く。ぜひ各大学の入学試験担当者にはそのことを深く認識していただきたい。これが現在の高校生の受験勉強に直接立ち合っている筆者からの痛切な思いである。

最後になってしまったが、本書の執筆にあたって、当初のつたない原稿をここまで読みやすくするために多くの助言をいただいた講談社科学図書出版部の篠木和久氏、奈良先端科学技術大学院大学情報科学研究科の関浩之教授および関研究室のみなさん、とくにいろいろと相談に乗っていただいた新田直也氏、そして理系進学に関する素朴な疑問を寄せてくれた現役高校生のみなさんに感謝の意を表する次第である。

N.D.C.376.4　237p　18cm

ブルーバックス　B-1284

理系志望《りけいしぼう》のための高校生活《こうこうせいかつ》ガイド

理系をめざしたら何をすればいいのか？

2000年 3 月20日　第 1 刷発行
2019年 5 月14日　第20刷発行

著者　鍵本《かぎもと》　聡《さとし》
発行者　渡瀬昌彦
発行所　株式会社講談社
〒112-8001 東京都文京区音羽2-12-21
電話　出版　03-5395-3524
販売　03-5395-4415
業務　03-5395-3615
印刷所　（本文印刷）豊国印刷株式会社
（カバー表紙印刷）信毎書籍印刷株式会社
製本所　株式会社国宝社

ISBN4−06−257284−2

発刊のことば

科学をあなたのポケットに

二十世紀最大の特色は、それが科学時代であるということです。科学は日に日に進歩を続け、止まるところを知りません。ひと昔前の夢物語もどんどん現実化しており、今やわれわれの生活のすべてが、科学によってゆり動かされているといっても過言ではないでしょう。

そのような背景を考えれば、学者や学生はもちろん、産業人も、セールスマンも、ジャーナリストも、家庭の主婦も、みんなが科学を知らなければ、時代の流れに逆らうことになるでしょう。

ブルーバックス発刊の意義と必然性はそこにあります。このシリーズは、読む人に科学的に物を考える習慣と、科学的に物を見る目を養っていただくことを最大の目標にしています。そのためには、単に原理や法則の解説に終始するのではなくて、政治や経済など、社会科学や人文科学にも関連させて、広い視野から問題を追究していきます。科学はむずかしいという先入観を改める表現と構成、それも類書にないブルーバックスの特色であると信じます。

一九六三年九月

野間省一